大家三小

一所学校的变革与超越

刘可钦 等 著

中国人民大学出版社
· 北京 ·

目录
CONTENTS

第三章
班组群：大小孩子在一起

第四章
真实的学习：构建生态大课程

第五章
有问题，有互动：多样综合的学习方式

第六章
行有规、行同矩、心自由：学生积极行为的养成与支持

第七章
学校中的学校：变革学校管理模式

第八章
解放教育力：成长在聚光灯下的教师

第九章
教育共同体：社区中的学校

第十章
充满成长机会的博物馆：创造更多可能

前言

Preface

未来不是我们要去的地方，而是现在就要由我们来创造的地方。在当前时代，我们必须以前人不知道的方法教育孩子，以适应未来的方式准备我们的学校。

——题记

100 多年前，几个脑洞大开的法国艺术家聚在一起狂想：公元 2000 年的人类社会会是什么景象呢？他们把心中对未来生活的畅想画在了纸上，希望通过一个小小的话筒就能将语音转换成文字，希望能够驾驶飞行器在空中自由来去，甚至希望在课堂上能够实现“老师只需把课本丢进一个机器里，知识就会通过这台机器自动传送到学生们的脑瓜儿里”的梦想……其中一些梦想已经变成了现实。

与 20 世纪的人一样，我们都喜欢畅想未来。

今天，当我们想象未来的教育场景以及即将面临的挑战之时，很多问题就会接踵而至：未来社会需要什么样的人才？什么样的教与学，才能帮助儿童迎接未知的工作和全新的挑战？什么样的教育空间，才是未来学校的模样？……

人工智能的发展速度已经超出我们的想象。在一些仅仅依靠经验传承、知识积累或技能操作的职业领域中，人类的优势正在消减，那么，未来人类的优势又体现在哪里？学校又该培养学生的哪些核心素养？

回到当下，我们的教育从来没有像今天这样面临如此巨大的挑战。

2001 年，我国启动了新一轮基础教育课程改革，这是一次具有划时代意义的教育变革，涉及教育目标、内容、方式及评价体系的全方位变革。《国家教育事业发展“十三五”规划》也指出，教育应“面向现代化，面向世界，面向未来，超前规划”。

未来，中国将在世界上扮演更重要的角色，今天的学校需要培养根植于深厚的中国文化土壤、具有创新精神和全球视野的一代新人，使其能够肩负中华民族伟大复兴的重任。面对新的时代使命和社会的飞速发展，当下学校在发展过程中面临的诸多共性问题与挑战日益凸显。

一、单一类型的班级授课制，难以创造更加多样的学习关系。在传统班级授课制的背景下，教学空间固定、呆板、狭小；学习资源贫乏、脱离真实世界；教师多单兵作战，很难建立起全面发展的教育观；学生的个性差异难以获得充分尊重。另外，单一类型的班级授课制还会造成学生社会交往的缺失。独生子女的成长环境和独户居住、独自生活的家庭生活方式，导致学生交往机会贫乏、人际关系单一、自我中心意识强烈，造成学生人际关系的割裂。这已成为当前学校教育不可忽视的问题。

二、单一的分科教学，不利于学生形成对真实世界的整体认知。在传统的分科教学背景下，学科界限分明，课程壁垒森严，过多地强调单科知识的逻辑，忽略了知识与知识、知识与现实世界之间的有机联系，忽略了儿童对真实世界的整体感知，在某种程度上偏离了学生学习的真实过程，学生动手实践和解决问题的能力相对缺乏。与之相伴的是，大部分教师学科背景单一，缺乏指导学生跨学科综合学习的经验。

三、单一固化的教学空间结构，难以支撑多样综合的学习方式。传统的学校空间格局，是为满足班级授课制的需要而设计的，以教师为主体的、单向的知识传输和反复的技能训练是学校建筑设计的基本依据，这就使学校空间的功能变得单一，开放共享的元素不足，学生的人际交往、综合性学习、跨学科学习等多样需求缺乏支持。

四、封闭的学校结构，不利于教与学的多样生态的形成。学校开放性不足、家校关系单一、学校与社区的关联度不高、社会上的学习支持性资源进入学校的有效机制缺乏，这些既不利于学校主动获取社会教育资源，又不利于形成家校一致的教育理念，也不利于学校承担应有的社会责任。

五、现有的办学价值理念，难以引领面向未来的学校变革。新课程改革之后，学校的价值理念系统已经发生了某些变化，但是这些变化还多是零散的、片面的，还不足以支持我们探索面向未来的变革路径。理念的形成过程是艰难的，而让理念成为每一位教师的行动指南、成为学校的常态行为更是难上加难。

如何走出这些困境？我们北京市海淀区中关村第三小学（以下简称“三小”）决心走出课程的小修小补，积极推动学校深度、系统的变革，重新定位学校的功能，重新认识学生、教学和学校的一切，创造一所面向未来的“未来学校”。

对此，我们要回答的第一个问题就是：学校应该是一个什么样的地方？也就是说，我们要到哪里去？

要回答这个问题，就需要我们重新审视对学校的既定认知，重新思索司空见惯的问题。过去我们习惯性地认为，学校就是学习知识的地方，而今天，学校的功能日益扩大，其人际交往的功能越来越突出，也就是说，学校已成为孩子与同伴一起学习，并在这个过程中学会自省、合作、互助，培养良好的社会行为和个人品质，实现共处、共融、共进的教育场所，而不仅仅是学习孤立的知识或技能的地方。

学校教育也不仅仅是师生之间的事情，学生之间、教师之间和家校之间的关系同样是学校教育的重要组成部分。而连接这几组关系的纽带就是学生。学校中最重要的关系也是学生与学生之间的关系。所以，我们常常说，学生最好的老师是同伴。

因此，学校的任务就不仅仅是组织学科学习，还要组织多样化的学习关系。良好的学习关系不应仅仅发生在学生和教师之间，而应是教师、学生、家长、学校管理者、社区以及其他关联方的总体的良性互动关系，这些关系构建起一个科学、专业、绿色、可持续发展的教育生态，形成一个教育共同体。

第二个要回答的问题就是：变革的动力来自哪里？也就是说，我们为什么要出发？

可以说，优秀的师资队伍、良好的学业（考试）成绩、各种各样成型的课程……一所成熟学校应具备的关键要素三小都具备了。从理论上讲，只要我们保持现状，就可以稳步前行。

但是，成绩与问题往往就像一对孪生兄弟般并存。我们在取得一定成绩的同时，一些问题也逐渐显现：学生多、空间小，负担重、压力大，高度统一、缺乏选择，学校进入发展的瓶颈期。

当然，还有每所学校都会遇到的新挑战：教师的专业发展、21 世纪技能的培养、核心素养的落实，以及现代学校治理结构的调整，等等。要想克服障碍、走出瓶颈，就需要我们站在更高处重新定位学校的发展。

如何寻求新的发展？我们面临着无数个选择。

按照习惯的路径走下去？这样做当然无须劳心劳力，也不必承担太大的风险。然而，不进则退，因为社会的变化对于学校的挑战从来没有像今天这样巨大。

小步精进，嫁接或移植成熟经验？这样做虽可以省心省力一些，但是身处变革大潮中的教师是否认同？他们的创造性能否得到激发？他们的自我价

三小万柳北校区（新校区）远景

值又从何体现？要想避免“温水煮青蛙”的困境，就要选择自我更新、自我超越的路径，与教师一同创造属于我们的未来。

一个优秀的教师需要不断反思和更新原有经验，才能保持职业生涯的青春活力；一所优秀的学校需要拥有创新力，才能走向卓越。所以，我们不能满足于既有的成绩，依赖传统的路径继续走下去。我们必须重新反思办学目标和发展路径，以全球视野谋划和推动学校的教育创新。因为未来的学校将是学生的足迹所至以及人际关系所在，应该成为为每个人创造成长机会的博物馆，成为每个孩子都向往的温馨家园。

第三个要回答的问题是：如何抵达这个目的地？也就是说，我们如何鼓起那份充满自信的“未来，正因我们而来”的创新勇气？什么样的教与学能够帮助儿童面对未知的生活？什么样的教育空间才是未来学校的样子？什么样的教育才能更好地激发人的潜力与创造力，帮助人类迎接未来的深度挑战，让我们的生活与社会变得更加美好？

带着这一系列问题、认识与追求，自 2011 年 7 月开始，三小借助新校区的建设，全面开启了“面向未来，重塑学校”的创新实践。以空间变革为支点，以教与学的变革为先导，系统设计学校的价值体系，创新课程安排形式和教学组织形式，提供开放、共享的空间支持，形成“班组群”的新型教育组织形式，构建以学校为中心的教育生态系统，推动学校展开全面而系统的变革，努力实现对单一的班级授课制、分科教学、固化的教学空间结构、封闭的学校与社区关系等方面的整体突破。而这些系统的整体变革反过来又渗透、推动着师生教与学的创新活动，形成有助于教学创新的生态环境。通过一系列扎实有效的创新思考与行动实践，一所面向未来的学校已雏形初具。

这 6 年多来，我们以全球视野谋划和推动学校的教育创新，以热情和创意协助每一位学习者探索和发现自己的天赋。在持续的探索和实践中，我们逐渐形成了“大家三小”这一学校发展的共同愿景，即让我们的学校成为一个拥有“北京气质、世界品位、大家风范”的共同学习场所，实现学校“教育孩子，团结人们，引领社会”的价值追求。

第一章

大家三小：开创面向未来的新时代

经典营销著作《定位》里有这样一句话："定位不是围绕产品进行的，而是围绕潜在顾客的心智进行的。"[①] 商业领域的这一观点可以给我们变革学校的实践以启发：一所学校的精准定位，是明确发展方向的重要基石，也是积极获取"心智资源"的有效路径。通过定位，学校得以明确自我优势、塑造自我品格、吸引多方关注，从而凝聚各方力量为实现定位的目标而共同努力。

与许多学校一样，我们也在积极寻找一个能够定位三小的词语，以表达我们的发展愿景。在建立一所科学、专业、绿色、可持续发展的现代化学校这一变革理念的指引下，"大家三小"这个词跃入眼帘。

"大家三小"作为我们共同的愿景，展现了我校"北京气质、世界品位、大家风范"的广阔视野，体现了我校"教育孩子，团结人们，引领社会"的价值追求，影响着我们反思过去与现在的角度，也决定着我们看待未来的方向和高度，是我们理念生长和行动发起的原点。"大家三小"具体包含三个层面的含义——为了每一个人的学校、需要每一个人的学校、成就每一个人的学校，旨在通过调动每一个人的进取心和积极性，通过课程和活动的设计，让每一个人都能拥有大视野、大气度以及开放的胸怀。

① 艾·里斯，杰克·特劳特. 定位：有史以来对美国营销影响最大的观念［M］. 北京：机械工业出版社，2015：3.

这是一所为了每一个人、需要每一个人、成就每一个人的学校

随着“大家三小”的愿景逐渐形成并清晰，建立一整套推进国家课程改革深化、适合并能够促进我校发展的价值理念系统，就显得尤为重要。同时，立足于全球背景，面向未来，特别是回应我国对创新人才的呼唤，学校不仅需要由单纯传授客观知识，转向以解决真实问题为核心的学习与社会交往，更需要形成一整套价值理念系统，引导更多的人主动参与到变革中。以此生长起来的价值理念系统，是对国家基础教育课程改革、全球背景、未来发展的更深度、整体的回应，渗透并影响着学校发展的各个方面。

变革伊始，我们首先分析现有理论和学校现实背景，明确学校的发展定位，重新认识学校的责任与使命，通过顶层设计和系统思考，创新学校的价值理念系统，实现现代教育理念与学校创新实践之间的良好互动。

在变革过程中，我们始终坚持依靠每一位教师、为了每一位教师、成就每一位教师的精神，让变革理念转化为个体的信念，转化为可见的行动。将观念的更新和行动的改进有机融合，使其更好地支撑学校的创新变革，并成为变革的重要力量和组成部分。

第一节 理念认同可人心

“迈克尔·富兰说，教育变革的最终力量来自个人。‘草根文化’的形成始终是彻底变革的决定力量。”① 教师是价值理念建构的主力军，优秀的教师是一所学校最宝贵的财富，是学校生命活力所在，更是学校不断发展的力量源泉。因此，唤醒教师内心对学校价值理念的积极诉求，使学校价值理念在教师的内心自然流淌，帮助教师涵养与学校价值理念相一致的精神气质，是学校变革过程中最为核心的关键问题。

教师的思维方式决定着他们看待课程和学生的方式，并且影响着他们的行为模式。我校成熟教师的人数占学校教师总人数的 80% 以上，这部分教师已经形成了自己的心理定式，习惯于按照一贯的教学模式与工作模式开展日常计划，变革的渴望和动力并不迫切。因此，学校需要通过有效的方式去引导教师积极改善心智模式，为教师开展学习、实现自我超越创造前提条件，充分发挥教师的创造性，唤醒、激发教师对学校变革的参与热情，使其成为沟通顶层设计和教与学实践的桥梁。

如果价值理念体系是自上而下形成的，教师行为与学校价值理念之间往往会不统一。如何消除这一弊端？我们采取了自上而下与自下而上相结合的途径。我们不是单一地要求教师“应该”做什么，不是指派，也不是规定，而是陪伴教师，与教师一起讨论“我们可以做什么、怎么做，需要怎样的支持”等问题，以缓解路径依赖造成的不安全感，大家一起不断加深对这场变革、对学校价值理念的理解，并不断丰富对变革和理念的创新实践。在这个过程中，我们着力从以下几个方面实现突破。

① 余慧娟. 大象之舞——中国课改：一个教育记者的思想笔记［M］. 北京：教育科学出版社，2015：10.

一、制定发展纲要，重新定位学校

面向未来，重塑学校，可以由专家或者学校领导进行顶层设计，由教师实施。但是，这么做会使学校的价值理念缺少底蕴和力量，容易造成实践过程中理念运用的错位或失位。我们需要引导教师站在更高层面，从自身出发，实现对学校的重新定位。因此，我们以制定《学校发展纲要》[①] 为任务驱动，开启教师之间的民主对话，开展持续、广泛的研讨。历时一年多的研究，是对学校发展共同把脉、诊断的过程，是重新凝聚我们对未来发展的期盼与力量、鼓舞士气的过程，更是大家集思广益、共同建设的过程。最终形成的《学校发展纲要》，全面回答了学校变革的基本价值问题和根本定位问题，明确了建设一所面向未来的学校应当承担的责任与使命。《学校发展纲要》的形成过程，也是教师对课程建设、对教与学的关系等问题重新思考与深入探索的过程。

在学校变革的过程中，我们还遇到了一个极其难得的机会：建设新校区。我们抓住这次机会，让更多的教师参与其中，形成了致力于解决新校区关键问题的一个个项目团队。“新校区建多大？”“教学楼怎样设计？”“体育馆和图书馆如何安排？”“教室能否再大些？”“专业教室的材料和仪器能否放在一起？”“办公空间能否增设一个交流区？”“能否建造一个小剧场以满足孩子戏剧表演的需求？”……这些由新校区的建设而产生的鲜活问题，虽然没有直接指向学校变革，却促使教师对每个空间的使用功能进行研究和梳

① 《学校发展纲要》是我校办学的统领性文件，它在明确学校的宗旨和文化价值观的基础上，定位学校的发展目标与路径，明确学校教育共同体中每一位成员的行为和发展期待，为构建学校科学、专业、绿色、可持续发展的有效机制和具体实施教育教学工作等提供引领，以确保学校发展战略目标的实现。《学校发展纲要》每三年提交教职工代表大会审议一次，以确保其重大原则与学校的发展阶段、社会的总体变迁相适应，保持学校发展的连贯性和持久性。2012年8月，第六届教职工代表大会第一次会议审议通过，2015年8月完成修订稿。

理，从而重新认识学校、认识学生、认识教与学的关系。

在研究的不断推进过程中，我们明确了这样一个认识：学校的建筑不应只是一座座物理意义上的教学楼，更应是一个个充满教育意义的存在。对此，曾有教师颇为感慨地说："原来，研究新校区的事情就是在研究教育的事情啊。"

二、启动"班组群"实验，缓解教师的不安全感

制定《学校发展纲要》文本的过程，是学校价值理念破土而出、发芽、生长的过程，也是变革实践开始的标志。自学校迈出变革的第一步起，教师长期形成的路径依赖与深层次的课程变革之间的矛盾就相伴而生。如何帮助教师缓解深度变革带来的不安全感？如上所述，自上而下的单向输出只能加重教师的心理负担，难以达到理想的效果，只有教师发自内心地认同，真正的变革才能实现。于是我们通过四个模拟"班组群"[①]的试点，建立最小实验模型，开展充分的案例研究与分析，探索不同情境下的权变模型，探索变革的具体行动路线，积累变革经验，使教师能够真实地感受到变革的价值和路径，形成对改革目标的共识与认同。这样，之前形成的价值理念体系就有了故事的生长，变得更加殷实、丰厚、生动，逐渐内化为教师心中自然流淌的教育信念与教育力量。

三、重建现代学校治理结构，激发组织活力

一个人可以走得很快，一群人能够走得更远。当学校变革进入"深水

① "班组群"就是由三个连续年级的三个班级的学生组成的学习共同体，这些不同年龄的学生在三间相连又互通的教室以及同等大小的公共空间里共同学习。本书第三章有详细阐述。

区”时，我们不仅需要教师个体的觉醒，更需要具有创造力的教师团队。在这样的背景下，学校的治理和运行方式就需要由凝固性的金字塔形结构，转变为以一个个充满活力的创新实践团队为主导的矩阵结构，其中每一个职能部门、每一个级部或校中校[①]、每一个项目小组都是具有无穷创造力的独立团队。这种结构有利于促进教师间和部门间的协作、分享，进一步释放教师的教育力，为教师参与理念的设计、创造性地进行教育教学实践提供了更多的机会。

第二节　可感知的理念生长

知行合一，就是让价值理念体系的设计、变革与实践同时发生，相伴进行，用理念来指导实践，并在实践中丰富和深化对理念的认识。在这个过程中，我们积极为教师创造表达的平台与机会，在教师表达的同时，理念与实践得以相互滋养、彼此成就。

一、汇聚共同问题，与邻家学校比肩同行

作为“小学教育国际会议”的发起方，我校已经连续举办了六届会议。会议采用“基于项目的学习”的方式，由不同国家和地区的学校教师一同组成跨国、跨校、跨学科的团队展开研究，对学校的课程、教与学、师生发展及评价、学校领导力、学校建筑设计等进行剖析和研讨，通过分享和分析世界上不同学校的办学实践，达到共同学习、推进变革的目的。在搭建对话平

① 在三小，同一个年级组成的管理单元称为级部；三个不同年级组成的管理单元称为校中校，即学校中的小学校。在新校区展开的教育组织形式的变革实践中，我们将四个班组群组成一个校中校，共设置了四个校中校，每个校中校都有一整层楼的活动空间。

2017 年第五届小学教育国际会议现场

台、积极参与会议的过程中，我们不仅得以在教育全球化背景下审视当前中外小学的教育实践，探讨共同面对的问题和挑战，探索学校未来的发展和改革，更重要的是，在这个过程中，我们也得以不断回看、反思和调整已形成的价值理念体系，使其更加科学、更具前瞻性和可操作性。

二、身边经验快速分享

我们聚焦“分享”这一关键的驱动要素，及时发现学校课程建设中的典型案例，通过剖析与研究，形成可传播和可复制的有效经验；通过工作会议、年度发展论坛、研讨沙龙等多样形式，营造共享文化，形成开放的、面向问题解决的学习共同体。分享机制的确立加快了变革的步伐，为学校进一步的课程建设提供了丰富的案例参考和理论支持。

我们连续五年举办“大家三小年度发展论坛”，聚焦“真实的学习”“有问题、有互动的课堂文化”“建立专业且可信任的师生关系”等学校发展的关键点和联系点，通过分享经验，产生对话，形成共识。每学年我们都会引导教师通过叙事的方式，总结、提升这一学年的教学经验，透过教育与工作中的细节进行反思，形成一个个观点或策略；通过互动交流的方式，形成群体的智慧；通过与国内外大学的专家学者即时分享与互动，深入思考各种教育教学问题。这种讨论的价值在于能够提升教师偶然的、个别的、不自觉的行为，使其变成经常的、多数的、自觉的行为，帮助他们意识到：理论只有源于自身经验，才具有鲜活的生命力，教师做研究更重要的目的是改善自己的教育教学实践。

大家三小年度发展论坛上的“分享家”

在与现实的反复对话和思考中，“真实的学习”“有问题、有互动”“大课程观”“基于表现的评价”等词语，开始进入教师的话语体系，化作每个人的实际行动，教师开始用更广阔的视角共同规划学校的课程建设。

通过分享，学校的价值理念不但迅速扩散，而且经由实践的检验变得更丰富、更完善，形成了更具故事性、画面感、普适性的理念体系。

三、创建学校教育共同体

学校价值理念的设计与实现，依赖于良好的教育生态系统的形成。我们完善了学校与家长、社区关系的顶层设计，成立了“家校共同发展委员会”，创新了一系列家校互动的内容和形式，滋养了教师、学生、家长、学校管理者、社区以及其他关联方互动互惠的教育生态，促进了教育资源的扩大，有利于我们从另外一个视角审视现有的价值理念体系，为其不断生长找到更加丰富的力量源泉。

第三节　整体变革的系统设计

在《学校发展纲要》的形成和完善过程中、在理论和实践的相互作用下，通过教师们的群策群力，我们逐渐厘清了变革的方向、步骤和细节，最终形成了面向未来的学校变革的价值理念体系。它包括办学宗旨、学校定位、发展愿景、学校精神、组织行为准则、战略目标、重点领域等方面的内容。

一、办学宗旨

我们认为，学校教育的历史使命和社会责任应该是：教育孩子，团结人们，引领社会。学校是帮助孩子面对过去、现在和未来，进行知识、能力和品质建构的学习场所，也是帮助大家遵守共同规则，实现共处、共融、共进的教育场所，还是引领社会走向包容、诚信、创新、和谐发展的实践场所。

二、学校定位

我校地处北京市海淀区中关村科技园核心地区，承载着浓厚的学术文化基因，涌动着改革与创新的品质，以及不断追求卓越的精神。30 年发展所孕育的学校特质，是我们持续超越的精神积淀，是学校内在的发展动力。

在弘扬优秀传统的基础上，我们站在新的起点，定位学校未来的发展——成为一个拥有北京气质、世界品位、大家风范的共同学习场所。

1. 北京气质

北京气质是北京精神在我们这个大家庭中的具体体现，它要求我们对于生养之地，拥有一颗感恩的心，为其繁荣与发展贡献力量；对于周围之人，拥有一颗善良的心，为构建和谐的社会环境积蓄温暖；对于未来，拥有一颗进取的心，为更加美好的明天做出个人特有的贡献；对于三小，拥有一颗真诚的心，为我们大家庭的发展提供不竭动力。这是我们“大家三小”的精神坐标。

2. 世界品位

世界品位表明了学校在学生终身发展方面所站的高度，体现了学校面向全球的教育实践和进取勇气。我们的教师要有放眼世界做教育的视野，我们的学生将来在世界上任何一个地方都要成为受欢迎的、有能力的、有担当的人。这是我们走向“大家三小”的必由之路。

3. 大家风范

我们追求个人意义与公众领域上的双重成功，为三小学子在学识、能力、责任心、胸怀气度乃至品格信仰等方面奠定“大家”根基，使每一名学子都能拥有感恩、善良、进取、真诚的心。这是我们追求的“大家三小”的境界。

三、发展愿景

学校的发展愿景，是我们全体师生共同努力的方向、动力和信念。正如前面反复强调的那样，我们致力于建设这样一个家园：大家三小。

为了每个学生的成长、每个老师的发展，我们努力营造充满尊重、信任和包容的氛围，让每个师生都能感受到大家庭般的温馨。在这个大家庭中，每个人、每个团队都能够积极进取，汲取不断前行的力量和勇气。

同时，我们也是一所以追求大家风范为文化特质的学校，这意味着全校师生在学识修养、领导才能、做人气度等方面，需要形成不断提升、不断超越的精神风貌。面对全球化的时代，我们要用更加广阔的视野，构建更加开放、更富创新力的学校环境，肩负起推动教育进步的使命。

四、学校精神

“大家三小”，目标高远而又脚踏实地。要想在进取中始终保持奔向理想教育的热情，我们就需要一种共同的精神力量的引领。于是，我们将“雁阵精神”作为学校精神的具体表征，并致力于在生动的实践中不断丰富它的内涵。

让学校成为拥有“北京气质、世界品位、大家风范”的共同学习场所

雁群在天空中飞翔，一般都是排成人字阵或一字斜阵，大雁会定时交换位置，轮流领航，这种现象被称为“雁阵效应”。雁阵效应带给我们这样的启示：个体力量的发挥和团结协作的精神，使候鸟能够凌空翱翔，完成长途迁徙。这恰恰体现了我们“大家三小”的价值追求。在三小的大家庭里，每一位成员都是重要的，都有领航和贡献的机会与可能，都拥有成长和发展的空间，都会在困难的时候获得帮助与支持，都会在不同的位置上展现出“北京气质、世界品位、大家风范”。这就是我们“雁阵精神”的内涵。

五、组织行为准则

三小有 5000 余名师生，每一件事情落实的过程，都是师生共同学习的过程，因而，我们既要形成目标一致的合力，又要为每一个人提供自主和创造的空间，因此，我们形成了下面 5 个共同的行为准则。

1. 追求共进共赢的目标

只有形成了共进共赢的思维，人们才会有耐心去倾听他人的声音，才会用心了解对方、解放自己，才会通力合作，为我们共同的事业汇聚更多的力量。

在民主参与、团队协商的规则和校长负责制的引领下，个体、团队、学校、社会之间的关系得以协调，个体、团队的需求与愿望获得合理的考量和尊重，整个学校教育共同体的科学、专业、绿色和可持续发展得到保障。

2. 追求集思广益的过程

要想集思广益，就需要我们建立宽容的、相互尊重的、有效的交流与沟通环境。在这样的环境中，每一个人都能敞开胸怀、打开思维，为团队、学校、社区做出自己独特的贡献。

集思广益的过程也是一个解放思想的过程，是创造力得以生成的前提。集思广益有助于大家寻求新的办法解决当下的问题，从而让彼此之间的合作更加有力。

3. 追求“第一次就把事情做对”的效果

“第一次就把事情做对”意味着我们无论对自然和社会环境，还是对他人的成功经验，都要常怀谦卑和敬畏之心，换位思考，这样才会让彼此的合作变得可能且愉快，从而共同把事情做对、做好。在有效的沟通、交流的基础上，即使彼此达不成共识，也能充分理解对方的需要。这为学会合作、共同解决问题提供了可能，也可以使之后的学习和工作变得专注而轻松。

4. 追求基于实证数据的科学且专业的决策

管理者的行为、教师的工作、学生的学习过程和结果评价，都应注重多样化实证数据的支持和印证。科学的数据，可以为学校和部门的决策提供有力的支持，让我们的学习和工作变得更专业、更简洁、更准确、更有效。

为此，我们设计了基于网络的数码学校。数码学校通过大数据的收集、分析、应用和反馈，促进了学校教育共同体成员共同成长，有利于大家发现问题、改进问题、找到差距、加以提升，最终实现共进共赢。

5. 追求从容而坚定的教育信念

我们知道，不是学生成长中的每一个问题我们都能解决，但我们会为每一个学生提供大家庭般温暖而又专业的鼓励、支持、期待和帮助；我们知道，没有一个万能的秘方，能让我们从容应对学生的所有问题，更没有哪个方法，可以适用于所有的教育场景，这是教育永恒的挑战。

我们也许无法帮助每一个学生获得所有人的喜爱，但我们一定要帮助每一个学生获得尊重；我们也许不能保证每一个学生各科都得满分，但我们一定要让每一个学生拥有成功的体验和成长的信心；我们也许不能使每堂课都变得生动精彩，但我们一定要为每一个学生提供成长进步的空间和可能。

六、战略目标

今天的学校教育不仅仅局限于教室的实体学习空间，还拥有基于网络和数据的更广阔的虚拟学习空间。而这都为我们提供了更大的创造空间。

为此，我们将致力于精心安排每一次教与学的活动，尽最大可能帮助孩子们获得成功；致力于帮助每一个教职工获得优秀的职业品质，并保持符合职业标准的专业表现；致力于建设三种不同形态的学校，服务于教育共同体中的每一个成员，为有效提高我们的教育质量提供保障。

1. 本体学校

在传统的学校形态、相对固定的校园空间里，实施并不断改进我们的课程、环境、管理、文化等，以促进教师的职业发展和学生的健康成长。

2. 数码学校

构建一个动态的数码学习空间，为我们的教与学提供技术和资源支持，充实并拓展学校的内涵，为教育共同体中的每一位成员提供方便的工作、学习、生活的教育空间。

3. 云学校

建设一个无极的教育空间，延展学校与社会对接的半径，是全球化教育背景下学习和发展的综合平台，也是引导学生运用最新技术手段，持续探索未来和未知世界的重要学习途径和资源。

七、重点领域

1. 建立现代学校管理机制

我校通过建立分工明确、有效互动、民主、科学、高效的决策实施体系，探索基于“班组群”的“校中校”和基于年级的“级部”的扁平结构，形成职能部门和事业部门矩阵管理的格局；通过分布式领导，建立教师、家长管理各项学校事务的专业委员会，形成真正以学生发展为核心，服务于教师及学校教育共同体中其他成员的科学、专业、绿色、可持续发展的管理平台和生态环境；逐步形成基于实证数据和云事件管理的现代学校管理系统，通过流程和节点的动态优化，以及移动端的支持，全方位推行现代学校管理机制。

2. 建立生态大课程体系

在大课程观的背景下，以真实的学习为课程的价值导向，建立符合学生终身发展和多样发展需求的、分层次分阶段的课程体系。在这样的大课程体系中，将国家和地方的规定课程、校本课程、学校社团、实践活动、课外活动等内容作为一个整体进行考量。

让学生在真实的学习场景中，发现并提出真实的问题，探索并获得真实的知识，习得真实的技能，养成真实的品质，运用真实的策略和方法创新地解决新老问题，让学习者适应社会的需要，从而成为真正有益于自己、他人和社会的人。

学生既要学习人类社会所积累的良好的知识技能，形成积极的社会行为、个性品质和价值观，还要学习符合时代发展的新科学、新技术，发现当下及未来人类共同面临的问题和挑战，在积极的合作中共同探索创新的解决办法。

大课程观指导下的学校课程体系，为学生提供书本和课堂学习之外的更全面多样的学习机会、资源和评价。

3. 建立“有问题、有互动”的教与学的方式

我们认为，高品质的教与学，源于师生的深度思考与师生之间、生生之间的互动交流。这依赖于民主平等的师生关系，依赖于积极健康的学习环境。儿童存在学习需求的差异，我们要努力为处于不同发展阶段、不同年级的儿童创造共同学习的机会，在儿童个性发展和班级授课制的矛盾中寻找合理的解决方案。为了让大孩子与小孩子能够共同学习，我们形成了基于班级、班组群或其他团组的多样的分组学习形态，以最大限度地满足学生的个性发展。

4. 建立积极行为养成与支持体系

追求“行有规、行同矩、心自由”，遵循“安全、责任、尊重、规程和合作”的基本准则。学校与家庭共同合作，从学生入学开始，就以与“雁阵精神”相契合的“大雁积极行为”作为支持性目标，遵循学校教育共同体的一致原则和行为要求，通过积极行为的培训、强化和支持，使学生养成良好的行为习惯，借此引导学生在学业学习、生活方式、兴趣爱好和公益服务等方面得到全面发展，从而切实帮助学生成为受欢迎的人。“大雁积极行为”不只是学生要遵守的，也是教育共同体的每一位成员都要遵守的。

5. 建立多元的教师发展平台

积极构建教师研修、提升的长效机制，以及学校党组织、行政、工会等组织对教职工的引领支持计划；构建基于实证的教育科学，凝聚教师智慧，分享教师经验，拓展教师发展的途径和平台，阶段性地有序推出有品牌的教学研究活动，为不同阶段教师的职业提升和专业发展提供机会；促进一批心中有学生、教学有风格的教师专家的成长，积极鼓励并创造条件帮助每位教师向着教育专家的方向发展。

6. 建立学校教育共同体

组织起多样化的学习关系是学校的另一个重要任务。“学习关系不应仅是学生和教师的，而是教师、学生、家长、学校的管理者、社区以及其他关联方的总体的良性互动关系，这些关系构建起一个科学、专业、绿色、可持续发展的教育生态，形成教育共同体。”[①] 成立家长参与学校教育的多种多样的委员会，并通过这些委员会建立学校与社区良好互动的机制，使其成为学校与社区之间的纽带和桥梁。为学校创建良好的外部发展环境，并在学校教育大课程观的背景下，拓展学生真实学习的机会和可能。

7. 建立“邻家孩子”交流网络

“邻家孩子”，倡导的是家庭之间、班级之间、学校之间乃至地区之间、国家之间的合作与共同发展，这是对待全球教育发展的应有立场和态度，也是“人类命运共同体”得以实现的教育基础。

“邻家孩子”强调的是，教师和家长要能够超越种族、宗教、文化、地

① 刘可钦，梁国立. 班组群、校中校：一种新的学校教育组织生态［J］. 人民教育，2016（1）：71.

域等的差异，视其他学校、地区或者国家的孩子如同邻居的孩子。通过民族团结教育、乡村教育和全球教育的整体规划，积极创造条件，让不同背景的孩子能够一起学习、玩耍，共同做事，一起发展，在交流、交往中彼此熟识，增强对不同文化的认知能力。这样，我们这个世界现有的挑战和未来可能面临的问题，才有可能由这些孩子去解决。

一所学校的变革过程，既是办学理念转化为教育实践的过程，也是教育实践滋养办学理念不断丰满的过程。《学校发展纲要》的形成用了一年多的时间，并且在之后的实践中，我们不断修改、调整，以确保其重大原则与学校的发展阶段、社会的总体变迁相适应，保持学校发展的连贯性和持久性。实践表明，面向未来的学校的价值理念体系是一个不断生长的过程，是作用于实践并由实践不断检验和丰富的过程，而我们要做的，就是站在社会发展和时代变迁的前沿进行思考与实践，保证价值理念体系的发展性、科学性、实践性和前瞻性。

第二章

学校 3.0：建筑与教育的最美相遇

近百年来，学校空间格局和基本结构的变化依然不大。如果让 100 年前的人穿越时空来到现在，可能在所有的场景中，唯一不会令他感到迷惑的就是学校，因为现在大部分学校，尤其是教室，还与当年排排坐听课的形式一样。百年前的人们会对这样的学校空间感到无比熟悉与亲切，但这样的学校空间显然已经无法满足我们面向未来的教育追求。

应该说，实施课程改革 10 多年来，我们的班级规模、教学方式、学校生活等只是在原有的学校空间状况下进行了一定的改良性调整。“固定、狭小的教室 + 逼仄的走廊 + 单调的操场”成为学校设计的普遍样态，将学校塑造成功能和构造千篇一律的“机械建筑”。这样，学校俨然成为一个追求高效运作的授课式场所，只注重以教师为主体的、单向的知识传输和反复的技能训练，而忽略了教育活动多样性及复杂性的本质。

不管是过去 30 年信息技术的飞速发展，还是近 10 年人工智能的迅速迭代，都在透露着一个讯息：未来数字技术与人工智能将占据人类生活的方方面面，现在的许多职业正在或者将要消失，而标准化的课堂所“生产”出来的许多标准化人才，难免沦为无法适应时代的失业者。显然，过去的学校教育空间已无法满足培养面向未来的儿童的需求，空间使用遭遇前所未有的尴尬。

下面是传统的学校空间中常见的几个镜头。

镜头一：学校的公共展区里摆放着各种各样的展品和展板，却少有学生前来观看，因为这里离他们的教室很远。放学时，学生排着队匆匆从这里走过，只偶尔有个别学生冒着“被批”的风险，大着胆子跑过去瞧一瞧。

镜头二：下课了，教学楼狭窄的通道里瞬间挤满了钟摆式移动的人流，而卫生间等公用设施门口也排起了长队。在这种情况下，师生除了在教室、办公室、会议室等处见面外，基本找不到可以安静地自由交流的空间。

镜头三：在公开课上，一位老师采用了多样化的授课形式，学生虽说听得津津有味，却暗自抱怨：“要是老师平时也能这样上课就好了。”究其原因，一方面是由于班额大、教学内容多、课时少；另一方面，教室空间狭小也是一个不能忽略的重要因素。在座椅只能以排排坐的形式摆放的情境下，合作探究、动手操作的个性化学习往往很难真正实现。

有教育家说过，如果我们如我们所经历的昨日那样教我们的孩子，我们就是在掠夺他们的未来。如果面向未来的学校建筑设计仍继续使用传统的、落后的学校设计理念，我们的学校将不仅不能很好地继承优秀文化传统，也将掠夺孩子们的未来，甚至是国家的未来。

面对全球化、信息化引发的变革，我们需要通过学校建筑和空间的改变，促进学校教育的创新。因而，2012 年我校决定在海淀区的万柳地区开辟一个新校区，以此作为学校改革的主阵地，并开始规划新校区的设计方案。[①] 当我们有机会重建一所新学校时，我们并没有把精力放在追求新、奇、特的建筑形式上，并没有在“盖房子”这样的物理需求上止步，而是通过对学校建筑形式的探讨，重新认识学校、认识学生、认识师生的教与学；通过各种空间资源的重组，建立新型的、互动的教育关系，同时将空间

① 2012年，三小开始规划新校区（万柳北校区）的建设；2015年，合并红山小学为红山校区；2016年，新校区正式启用，建校于1981年的中关村校区整体搬迁过来；2018年3月，为支持雄安新区的建设，合并雄县第二小学为雄安校区。至此，三小形成了万柳北校区、万柳南校区（原万柳校区）、红山校区、雄安校区一校四址的规模。

资源作为课程进行开发，以引导师生教与学方式的变革。所有教师与学生的共同参与，使我们实现了面向未来的学校的教育理念与空间的融合与表达，探索了面向未来的学校建筑的核心要素，也找到了新时代教育建筑的理解与表达。

第一节　让学习发生在足迹所至

在打造一所新学校之前，我们首先需要思考：学生是如何学习的？学生应该怎样学习？基于这样的思考，我们致力于在学校创设一种开放的学习环境，让教师爱学生、会教学，让学生爱学习、会学习，让学习成为一件有趣和有意义的事。在这样的环境中，学生既能从书本中获取信息，更能从同伴和真实的学习中获得学习经验；既可以进行个体的独立学习，也可以在小组或团队合作中学习，从而打通学习与生活的界限，让师生的学习、休息、交往和游戏有机融合在一起。

对过去的学生来说，学校里似乎除了教室、座位之外，再也找不到什么真正属于学生自己的空间了。学校空间，需要帮助学生创造更多的归属感、更多自由发展的空间。我们在学校建设的变革中，让学校建筑超越农业和工业社会所形成的整齐划一的格局，超越一个个单一的空间，超越仅仅满足于听讲、读书、写字的功能，形成生态社会多样的、多重的、积极的教育关系，为学生组内和组间的学习、互动提供保障；超越“教室＋走廊”的局限，形成宽敞、连续、开放、通透的一体化空间。

一所好学校应该是一座充满成长机会的博物馆，这样，学校建筑就成了生命意义上的存在，就有了超越“教室＋走廊”的“处处”——处处是教室，处处是图书馆，处处是博物馆，处处是舞台，处处是艺术馆，处处都有学习的地方。

新校区的设计宽敞、连续、开放、通透

一、处处是教室

过去的学习只发生在教室里，随着互联网和数字技术的发展，教学方式也在悄然发生变化。教学活动已经不仅仅发生于传统教室的范围，而是随处皆可发生；学生也不再只是过一种上课下课的两极生活，因为对他们而言，“生活即学习”。学习将可能发生在每一个地方。

可移动的墙壁让过去的资源分割变成如今的共同利用，让资源的静等走向资源的推送，为师生的学习最大限度地提供了便利。宽敞的走廊既是通道也是学习空间，孩子们可以很方便地由室内转移到室外学习，整个学校形成了一种以学习为中心的创造性开发空间的模式。

学生在公共走廊里学习

例如，在一堂“诗与月”主题的 90 分钟跨学科大课上，孩子们先是在班组群空间中学习月亮主题的诗歌，然后来到美术教室用沙画绘制月亮故事，有了视觉化的感受，再移步宽敞的走廊，在悠扬的民乐中咏月、吟月、颂月。月亮的意象跳出了纸上凝固的诗句，在流转的课堂场景中逐渐清晰，每个孩子开始有了自己心中的诗与月。

二、处处是图书馆

居于学校建筑正中央的“中央图书馆”，为师生自助查询、借书、还书提供了相应的技术支持。图书馆藏书空间有限，所以我们通过“图书漂流箱”向各个教室推送图书，让“静”的图书馆“动”起来。各个班组群还有自己的图书分馆，便于学生阅读、分享及查阅资料等，处处都充溢着读书学习的氛围。阅读不再局限于空间与时间，而成为学校空间的一部分，浸润到学校生活的方方面面。

图书不再封闭在图书馆中，而是存在于学生的足迹所至。当清晨第一缕阳光洒进学校之时，学校各个角落就会出现一个个读书郎的身影——有的在

中央图书馆

四层中央图书馆挑选图书，有的在图书阶梯上享受阅读之趣，有的在班组群的小窝和开放教室中交流自己的读书所得。

三、处处是博物馆

学校的建筑和设施本身也可以成为一种课程，各种建筑材料、室内家具、时钟、灯具、文化标识，以及色彩使用等，都可以成为学生探究学习的"活"的教科书和学习资源。这就使学生的学习与当下的生活紧密相连，使学校成为一个可以探究的真实的学习基地。

例如，暴露在外的室内管道开启了孩子看学校的新视角。孩子们积极探索屋顶的秘密，跟随物业叔叔去机房探秘，找到这些管道的来龙去脉，开始用自己的语言为大家讲述学校管道的故事。

四、处处是艺术馆

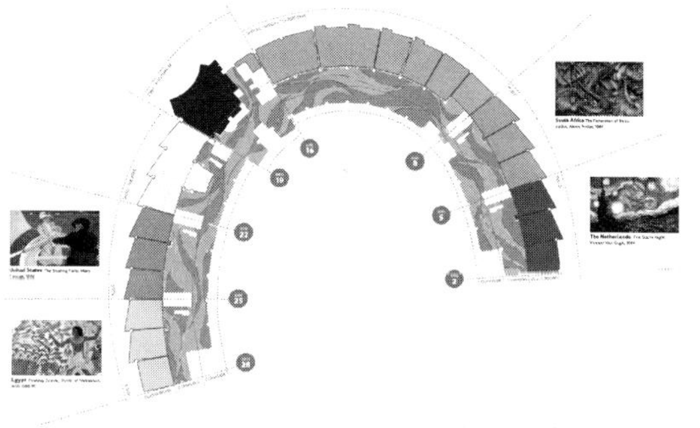

一层主色调来源示意图

学校的文化设计、显著标识等都使用素朴的色彩和自然的材质，可以给学生提供色彩和造型的熏陶。学校建筑中每一个楼层和每一个班组群的空间色彩，均来源于师生和设计师共同挑选的古今中外的名画，让学生在空间中感知艺术、对话艺术，建立个体与群体、局部与整体的认识。从地下一层到地上四层，我们分别用紫、蓝、绿、橙、红作为主色调，既让学生通过色彩迅速辨识自己在空间中的位置，也让学生得以在色彩的海洋里遨游，在视觉艺术的殿堂里徜徉，在浸润、熏陶中激发艺术潜能，提高艺术品位。

五、处处是舞台

传统学校在持续教授学生大量知识、提升其理解力的层面上，变得比以前任何时候都完善。然而，在标准化、专业化和终结性评价的进程中，学生遗失了表演、讲故事和分享的天性。因此，我们为学生表演、讲故事和分享的“仪式”，创造出各种正式非正式的、大小不一的特别环境。这些环境中都有一个明显的中心，大到一个可升降的平台，小到地毯上的一个图案，围绕着这个中心形成向内聚焦、包围的表现空间。我们也给孩子们提供了一些可移动的小舞台，通过绘画展、书法展、演出与比赛等形式让他们随时随地都可以展示自己的学习成果，为他们表现自我、挥洒天性创造并提供了尽可能多的机会。

例如，一个孩子在即将毕业之际，将自己多年来收集的贝壳带到学校，给大家办了一个贝壳展。所有珍贵的贝壳就展示在戏剧厅外，为方便大家随

贝壳小专家的讲座

时观看，也没有做任何保护措施。我们问他："你就不担心贝壳丢失或损坏吗？"孩子特别自信地说："没关系，我就想把贝壳拿出来与大家分享，我相信同学们。"两周的时间里，每天中午他都会举办小讲座，给同学们答疑解惑，吸引了一批又一批的小观众，在学校里引发了一场"蓝色旋风"。当孩子自然而然地把学校当作会发生各种有意思的事儿的舞台，学校的空气中才会多一些灵动的味道。

六、处处是学习的地方

我们致力于将学校打造成一个孵化空间、一个指导空间、一个鼓励学生创造性思考和解决本地问题的场所、一个学生可以亲自参与并实践想法的场所。教室外的多样化设施和资源拓展了学习的边界，为学习环境注入新的活力。以教室为中心的学校变成了多维中心的学习空间，正式学习和非正式学习、聚会和小组活动可以发生在教室里，也可以发生在走廊上。一所处处都有学习的学校不会限定学习发生的时间和地点，而是鼓励学习持续发生在所有地方；一所学习发生在所有地方的学校，不会将资源集中在局限的空间里，而是分散在整个建筑中，让随时随地的学习需求得到及时的满足。

第二节　多样学习方式的保障

不论未来的学习方式如何改变，学校的建筑空间都必须具备调整的能力，都要有变化的弹性。这种弹性，是指可以"小时"或"天数"为单位随时进行改变的能力：通过可移动的隔断墙，通过可改变摆设方式的家具或设施，实现空间的可变性，以最大限度地适应不同的教学需求。

如果我们默认所有孩子都是一样的，在学校的空间设计中，就会更多地考虑固定的、标准化的设计，这样就很难提供给学生个性化的学习空间；如果我们认为学生是不一样的，在空间设计时，就会增加多功能和可组合的空间，为课程走向个性化、广泛联结和跨学科，走向真实问题的解决和实践，提供动态、开放的学习生态环境。

这种空间灵活、多元、可调节，因教与学的需求而变化，可以促进师生之间、生生之间的互动与协作。这样，学习模式自然会得到拓展，学习与生活自然得以有机融合。

一、班组群——校中校的多样组合

在一所超过一千名学生的学校里，儿童很容易缺乏安全感与归属感，而且只与同年级学生交往，也使儿童的社交维度变得单一。在我们的新校区中，看不到那种大家习惯了的、两边排满了格子间教室的长长的走廊，取而代之的是“三室一厅”的“家”的格局，这就是我们所说的班组群。班组群就是由三个连续年级的三个班级的学生组成的学习共同体。例如，将四年级1班、五年级1班和六年级1班这三个班一百多名师生分配到一起，形成一个班组群。在空间上，我们将三间相连又互通的教室组合在一起，再加上同等大小的公共空间（我们称之为“厅”），组成一个“三室一厅”的“家”，作为一个班组群的活动空间。三间教室的墙壁都是可移动的隔板，利用隔板的活动实现空间的组合与隔断：平时三个班级的学生在各自的教室里学习，教师可以根据课程内容的需要，随时打开不同的隔板，将两个或三个班级自由组合在一起，为小组合作、团队探究以及不同年龄的学生共同学习提供更加多样的学习空间。

在这个学习共同体里，学生不仅与同龄同学共同学习，同时也根据自己的整体发展需要，与其他年龄段的学生共同学习；在这个大家朝夕相处的大家庭中，既有班级内部的生活，也有组群内部大小孩子的共同生活。

来自不同学科的七位教师组成“家庭式合作团队”，共同负责一个班组群一百多名学生的日常教育和管理，与家长密切合作，共同做好校内外不可分割的学生教育和发展工作。

班组群的“三室一厅”

四个这样的班组群组成一个“校中校”，形成一个数百人的小型学校的架构，这是一个相对独立但内部开放、融通的教育共同体，由一位主任专门负责其日常工作。根据一个校区的规模，我们设计了四个校中校（每一层一个校中校），共同组成一所整体的学校。班组群、校中校为师生提供了便于认知自己的不同年龄段的同伴和团队，以及便于获得归属感的社会人文环境和合作学习的教育生态环境。学校的基本空间，由以单个班级为单位过渡到以班组群为单位，管理效能得到了提升，各种教育关系也随之发生了积极的变化。

二、更大的学习空间

从学习的需求出发设计空间，可以为学生独立学习、合作探索、资料查询、成果分享提供空间保障。因此，新校区的教室相对传统的教室空间更大，并且从传统的以黑板 + 讲台为中心转向多维中心，由过去仅仅关注个体学习的需要拓展为关注个体、同伴、小组和集体学习的多重需要。在过去狭小的空间中，教室里的一个区域在一天中往往被用于不同学科的多种教学，很难保留学生学习的痕迹与路径，更难以创造出长期的合作学习成果。而现在，学生进行的跨学科的项目学习成果可以连续几天在公共区域展示而不会被移动或拆除。

空间扩展之后，我们就可以采取不同方式组合课桌椅，学生不再被限制

更宽敞的学习空间滋养着丰富的学习样态

在固定的座位上，可以自由走动、讨论、动手、表达和展示，独立思考、小组讨论、班级分享等多种学习方式的转换变得灵活自如，运用多样的学习方式如家常便饭一样变成一种常态。

三、更灵活的家具

过去的教室家具通常只有课桌椅，而且都是一种规格、一个样式。事实上，教室需要多元的设施以满足不同的学生和不同的活动，于是，我们在传统的课桌椅之外，还给学生提供了多种形式的家具，如沙发、靠垫、地毯、搁脚凳、站立式桌子、笔记本桌子等。我们还根据人体工程学设计了可调节高度的课桌椅，以适应不同身高、体形的学生，避免学生坐姿不良、视力下降、骨骼发育畸形。

这些课桌椅和其他教学设备均能自由移动，可以根据学习形式的变化而任意组合。如小组学习时，可以把桌椅拼成几个小组；讨论时，可以将它们摆成方形、圆形、椭圆形、马蹄形多种形状。这些灵活多样的教学用具，充分尊重了每个学生的个性，促进了学生的社会化学习。

除此之外，我们还为师生提供了有存储功能的家具。学生在学习不同的学科和内容时，所需要的材料往往不同，因此我们为每一个学生都配备了储物家具，让他们的学习材料能够得到有效收纳，学生的课桌上只放一些

多样化的坐具使学习方式变得多样

轻便的学习用具。这也方便了课桌椅的移动，使教室空间得到了有效的划分和利用。

书架、小柜子和其他灵活的家具，也为教师组织学习空间带来了更多自主性，可以帮助他们创建独特的“学习互动中心”，便于他们快速布置空间以满足不同教学活动的需要。

四、更智能的联结

多元智能理论中的数理逻辑智能、言语智能在传统学校空间中一般会得到很好的支持，而其他智能，如肢体运作智能、人际智能、自然探索智能等则被冷落或边缘化。因此，我们在新校区的设计中，特别注重扩展学校的公共空间，打破空间功能的思维定式，促进适合不同智能发展的空间资源相互转化，实现不同空间资源的深度联结。

因此，我们的每个校中校都配有自己的科学、美术、音乐专业教室，共享学习区域还配备了戏剧厅、学习中国传统文化的礼乐厅、融合信息技术的梦工厂以及进行工程实践的工匠坊，我们鼓励学生像艺术家一样感受，像科学家一样思考，像工程师一样解决问题，把鲜活的真实世界引入课堂。各种功能教室和活动场馆有机融合在一个综合楼中，孩子可以便捷抵达，随时开展丰富的艺体活动。

学习中国传统文化的礼乐厅

融合信息技术的梦工厂

进行工程实践的工匠坊

第三节　多层次空间：孕育灵感与创造

环境专家认为，传统的、模式化的校园对于身处其中的所有人来说，都是充满压力的，而异常繁忙并充满挑战的工作和学习，会让许多人无法适应。

我们致力于提供一个温馨、互识、互助的成长环境，一个为了每个人、需要每个人、成就每个人的“大家三小”，那么如何在学校空间中体现出这种家的氛围呢？我们尝试着创造像家一样的多层次的生活环境。我们自己的家通常会区分出卧室、客厅、书房等具有不同功能的生活空间，以满足每个家庭成员在不同时段的不同活动要求。因此，人们在家里往往感到舒适、安心和放松。

在学校中创造这样的环境，意味着我们要为学生、教师和管理者不同的社会活动提供相应的环境空间，让每个人都能各得其所，为创造带来更多可能。

一、学生的多层次空间

我们将班组群的“三室一厅”视为学生在学校中的家庭大本营，为学生设计出个人空间、固定组群空间、分享空间和公共空间四个层级递进的“家庭式空间”。

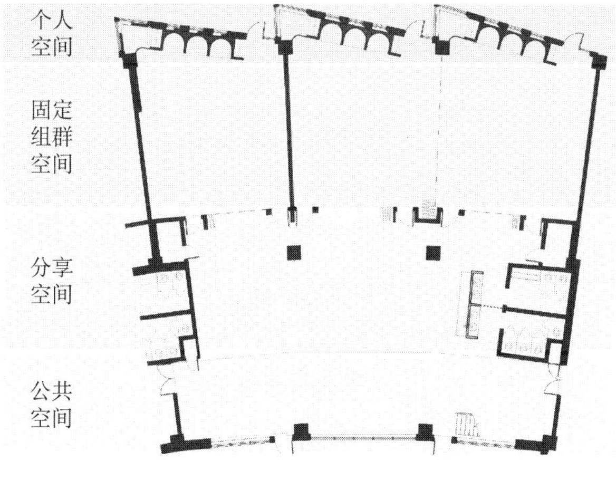

班组群的多层次空间示意图

1. 个人空间

在个人空间中，我们设计了许多类似“小屋”“树洞”等可藏身于其中的家具，方便学生独处或三三两两聚集起来，是学生自由和静心思考的私人领地。在校园中，学生往往被各类信息包围着、轰炸着，几乎没有自己独立的时间和空间，这可能带来严重的学习问题。有研究显示，人类大脑需要通过独处来同化和内化新知识。因此创造一个既能吸引学生，又能被成人“监控”到的个人空间，让他们在其中休憩、独处、与自己的心灵对话、消化新知，是非常重要的。

2. 固定组群空间

固定组群空间，即传统意义上的教室，我们称其为“三室”。在这里，我们抛弃了传统的黑板和讲台，而代之以可移动的电子白板、可移动的投影设备。讲台也变成了老师的移动办公桌，教室里的任意位置都可以成为讲台。老式带抽屉的黄色桌椅也不见了，而代之以颜色与楼层色调相配合的树脂桌椅。这里的家具不是固定的，可以随意组合。

这些让每一个组群空间都闪耀着自己独特的魅力。教师与学生可以根据自己的需求对组群空间进行改造，让其别具一格，从而产生强烈的归属感、亲密感和责任感。

3. 分享空间

分享空间，即“一厅”，是大孩子与小孩子一起放松和玩耍的场地，也是组群共同开展研究学习的空间。在分享空间中，多样的家具，大面积的书写空间，个性化、有创意的班组群布置，带来一种思维流动和思想碰撞的气息，学生和老师可以随时交换想法，分享与交流变得更加直接与自然。

然而，如何让信息更好地流动？通常，学生的书写和描绘只能在纸张和电脑上完成，而且，一张普通大小的纸很难容纳两个以上的人同时书写。而

可以随意涂抹的分享空间

在电脑上工作时，虽然我们能共享一个虚拟界面，却往往无法实现现实空间里的直接共享。交流的媒介决定了参与的人数，也限制了物理空间中的互动方式。因此，在分享空间中，我们提供了许多表面可书写、可擦拭的家具。这样，无论讨论发生在哪里，师生都可以快速记录和速描，可以同时参与表达、交流，从而营造一种浓厚的分享文化。

4. 公共空间

公共空间，即室内的走廊、室外的操场和庭院等供全校师生自由活动的场地。如前所述，我们的教室、图书馆、体育馆、各种活动中心均整合在一栋主体建筑里。这栋综合楼呈半开放的 C 形，将操场环抱其中，四周还散落着小小的庭院和蔬菜种植园。综合楼采用了层层错落的设计，形成宽敞的环形走廊，每层、每个空间里的学生都可以通过走廊便捷地抵达位于中央的户外操场。高大通透的玻璃窗取代了密不透风的墙壁，让每一个楼层的师生都能最大限度地享受自然光。室外露台上还设置了一排排种植箱，由各个组群依据时节的变化与课程的需求，进行合适的种植活动。这种设计模糊了室内与室外的界限，使得师生即便身处钢筋水泥之中，也能与自然对话和交流。而这样动静皆宜的空间组合，让非正式的学习行为与传统教室中的传道授业

室外露台上的种植箱

处于同样重要的地位，让非正式的学习环境也成为小组交流的场地与学习的场所。主动式探索还拓展了学生求知的边界，知识不断地产生、交换和分享，整个学校的环境得到了不断的融合与完善。

二、教师的多层次空间

教师在班组群的“客厅”中，有着自己的工作区域。我们提倡有孩子的地方就有老师，让儿童随时都处于成人的监督与保护之下。要知道，小学教师的职业特点决定了教师需要长时间与学生相伴、就近照顾学生的生活，因此，我们在规划新校区之初就对教师的工作空间做了充分的考虑。我们在班组群的分享空间中为教师配备了个人物品储藏柜和办公桌，既可以保障教室里有充分的学习空间，有助于教师提升工作效率及教学品质，又方便班组群的导师团队在这里随时交流、互动分享。

除了在分享空间里为教师开辟工作空间之外，我们在每一层还设置了“教师研修中心”，用 200 平方米的开放空间取代了传统意义上的教师办公室。研修中心不再是标准化、专业化的小格子办公间，而是类似于咖啡馆和 SOHO 工作区。公用办公桌、休闲沙发、个人工作台、阶梯式座椅台等将研

教师研修中心

修中心划分为多种功能区域。这些暖心的设计，为教师营造了舒适、自由的工作环境，满足了教师的不同需求，为不同学科的教师创造出交流与沟通的氛围。

在传统的分科办公室中，虽然教师们有很多理念和想法，但是这些想法往往转瞬即逝，所以需要找到一种方式，将这些思想收集起来并用于解决问题。而在教师研修中心中，每个校中校的 30 多名不同学科的教师可以自由交流，在跨学科的讨论中迸发灵感，大家就像置身于一个小型社区，彼此信任，共享资源，产生认识的盈余。

三、管理者的多层次空间

学校行政部门的空间设计，既考虑到管理者进行专业工作的独立性，设置了小型办公室，又考虑到管理工作鼓励交流分享、协同合作的功能，设计了透明、开放、具有广场性质的办公区域。每个人都可以看见其他人的活动与工作，有助于形成共享的氛围，也可以让孩子体验到真实的工作和生活环境。

学校的管理中心、校务中心等行政部门空间的改造，也影响着学校的组织文化，开拓着学校的公共精神。在透明、开放、具有广场性质的办公区域里，在“大杂院”般的生活气息中，每个人都可以感受到自己的主体地位，并在这种开放与共享的氛围中，唤醒自身作为共同体一员的公共意识。通过管理空间的去中心性、去权威性设计，学校组织文化中的平等、民主与对话文化慢慢形成，不同的观点相互激荡，孕育出真正的创造力。

第四节　空间就是课程

支持一座建筑存在的声、光、电、水、暖等对学生而言都充满着神秘感，都是鲜活的学习资源，而空间的美学、人文、科学设计，更是一种无声的浸润。所以，学校的建筑不仅仅是一个遮风避雨的物理环境，更是孕育教育生态的关键因素。让建筑空间本身成为课程，成为无声的教材，也是新校区设计的一个出发点。我们要让孩子在真实的空间场景中，提出真实的问题，开展真实的研究，从此地出发，走向探索未知的彼岸，发现书本知识与现实环境之间最直接的联系。

一、空间美学的浸润

学校建筑的文化设计、显著标识、空间色彩等，都是空间美学的主要内容，可以让学生浸润其中。因此，我们选择了素朴的色彩和自然的材质，以衬托儿童鲜活的生命底色，同时也渗透给学生简单、大气的格调。在一些特别重要的色彩的选择上，我们与设计师一起畅想，让整个建筑充满古今中外名画的流光溢彩。

为了保证所选的画作能够起到广泛、积极的教育作用，我们采取了推荐的形式，并为推荐活动设定了以下原则：

1. 推荐 10 位中国名家、10 位外国名家，选取每位名家 1 幅名作，所选作品均为彩色，视觉效果明显，符合健康审美标准。

2. 所选作品有一定知名度，是中国或其他国家博物馆收藏的。

3. 作品不可以是宗教的，不可以是裸体或半裸体的，不可以与军事、杀戮和争斗相关。

4. 所选作品最好有历史跨度。

根据这样的原则，全校每个班级开展“亲临名画，走近名家”的研究活动，邀请3—5名在美术方面有研究的家长代表参与到我们的名画推荐行动中来，共同选出最值得欣赏的名家名作。在家长们的积极配合下，我们收上来795幅中国画家作品、1046幅外国画家作品。

这些绘画作品来自不同年代、不同国家，由不同性别的艺术家创作，并且风格各不相同。在设计师的引导下，我们最终选择了49幅中国作品、44幅外国作品，并由设计师从这些作品的配色中抽取出比较舒适的搭配，形成设计方案，让作品的色彩之间产生延续与流动的感觉，并在不同的楼层间形成彩虹般的色彩模式。这个方案规定了各楼层的主色调，使得色彩不仅在教室中流动，也在每一位教职工和管理者的办公室中流动，给人带来温馨、简洁、明快的视觉愉悦。而作为灵感来源的艺术作品，则被悬挂在适合的观赏位置，

学生针对名画展开项目学习

散落在学校的不同角落。我们会根据学生的需要和课程的需要对这些画作进行增补和替换，这样，空间就成为色彩运用的生动教材，色彩呈现在地面上、墙壁上和家具上，延展到师生的生活之中。每一幅作品、每一种色彩，都是艺术家对世界的一种感知、一种表现、一种记载、一种思考，甚至是一种梦想。孩子在对这些作品的感知和对话过程中，燃起了欣赏、品味高雅艺术的热情。

在这样堪称美术馆的教学空间里，老师带学生开展了“我为名画代言”的跨学科学习，鼓励孩子写下对画作、对艺术、对色彩的理解，然后将这些感想制成小小的二维码贴在画作旁。

二、智慧化建筑的启迪

通常来说，建筑的内在构造是不可见的。可是在新校区的设计中，我们将建筑的内部结构和机电布控作为建筑美学表达的一部分，架构智慧化建筑的“神经网络”，通过把建筑中的一部分管道和管线暴露出来，让学生直接了解建筑的“神经系统”；通过智能控制系统，将学校场地的风、光、热生成可视化分析供学生研究。空间既是大家生活的地方，又成为学习的有形课程。在这样的学校空间中，孩子们了解了大楼是如何“呼吸”的，认识到方便快捷的现代生活空间背后实际上少不了能源和机械系统的支持。而孩子们开展的“我们的学校”的项目学习，从校园垃圾桶摆放到生活垃圾处理，从窗帘遮光功能到不同空间窗帘的自动化，从不同场合座椅的摆放方案到对家具风格、种类的学习，都扩展了学习领域，实现了真实的学习。

我们除了将学习空间数字化、构建智慧化建筑的“神经网络”之外，还在空间中配置了各种数字工具和媒体资源，如电脑、电子白板、无线网络等，最终实现了本体学校、数字学校与云学校的共同发展。我们还构建了会呼吸的建筑，使用太阳能板作为学校的景观灯，利用水源热泵系统将地下水所储藏的太阳能转换为整个建筑的冷热能源，不但高效节能，还可再生；可

暴露在外的钢筋、管道成为学习的对象

视化的建筑智能分析，既实现了物业的精细化管理，又达到了节能减排的目的。创造一个循环利用能源、绿色低碳、可呼吸的建筑，也是对未来世界公民进行绿色教育的好素材。

三、生态景观的熏陶

在新校区的景观设计过程中，我们特别强调将绿色景观与建筑的融合，因为景观本身就是自然的课堂。为了让学校的绿色空间最大化，我们在建筑

小菜地中的“科学家”

内摆放了许多绿植，在建筑外精心装点了小丘、草地、溪水，形成贯穿校区的“绿肺”，实现了人与自然的交融。绿色空间的设置，明亮、通透的落地窗，将自然空气与阳光引入建筑内部，使园林般的气息渗透进教与学的活动中，也让孩子既可以随时了解身边植物的生长变化，也可以亲手栽种花草树木，体会园艺的乐趣。

为了满足自然景观课堂的需要，我们以安全为标准、以生态为主体开展设计，着力为师生营造一个绿色、舒适并能够与认知探索活动相结合的户外空间。下沉庭院充满童趣；校门景观开放而丰富；种植园景观植物兼顾水陆、季节的特性，合理搭配乔灌草；农作物种植区的当地果蔬，便于学生了解食物的来源和生长特性；活动场地、雨水花园、认知区域等空间则根据认知需求合理选择植物，营造接近大自然的区域环境。

这些具有生态特征和活动情趣的景观布局，可以让孩子随时了解身边植物的生长变化，理解并体验可持续发展的现实意义，增强学生的认知体验和探索学习能力，较好地延伸室内教学的内容。

例如，在春暖花开的水畔，美术老师与语文老师带孩子开启了“以画绘景、以文抒情”的跨学科学习。孩子在这小小山水中，体会着古人寄情于山水、书文于胸怀的浩然之气。而人文老师则带孩子寻找校园中的小生灵。孩子兴致勃勃地捕捉昆虫，仔仔细细地观察描绘，然后将它们小心翼翼地放归自然。看似平静的校园中，原来藏着这么多小动物！小小博物家就这样诞生了。

第五节 学校与社区相连

我们认为，学校不应存在于真空之中，也不应仅属于学生和教师，而应属于其所在社区中的所有人。学校存在于社区中，就应该成为服务社区的学习中心。

事实上，学生的学和教师的教，需要通过教育共同体的共同努力才会更有效；面向未来的无边界学习，需要学校开发外界社会，尤其是社区的一切有利的教育资源，穿越学校围墙，让学习不仅仅发生在学校里，更发生在社区、专业场所和企业各处。学校与社区相连，才可能更好地成为教育孩子、团结人们、引领社会的场所。

传统的学校是封闭的，于是我们尝试用一些开放的手段与社区互动，这也是我们将建筑设计成一个半开放的C形的原因所在。这种设计吸收了中国传统民居瑰宝——福建土楼的优点，结合新校区的地理条件，传达着我们

社区中的学校

“大家三小”的办学理念。身处这样的建筑中，每个人都会感觉被建筑“环抱”着，一种归属感油然而生。C 字形建筑的开口面向东南，使人感到整个建筑仿佛在热情拥抱每一个走进来的人，又仿佛要将人引入更广阔的社区，与整个城市相连。

新校区正门前的广场呈“凹”字形，从建筑红线向内退了 10 米，把学校的入口变成更为开阔的公共区域，为家长接送孩子让出一个缓冲地带；而当遇到公众活动时，社区还能为学校提供一个更安全的第二道防线。校门两侧还设计了座椅，可供社区中的行人休息。这样，路过学校的人们看到的不再是冰冷的围墙，而是欢迎大家休憩、可以挡风避雨的安全港湾。这是学校与社区对话的开始，也是将社区融入教育共同体的开始。

为了更好地实现学校与社区的互动，我们在设计建筑安防之初，就注意进行安全分区。安全门锁的分层、分区域设计，从技术上保障了学校对外来人员进入特定校园空间的限制和管理，例如，体育场馆、艺术排练厅、自助餐厅和多功能学习场所在放学之后可以作为社区的活动空间，而主要教学区域的封闭管理，则确保了学校的安全和整洁。

第三章

班组群：大小孩子在一起

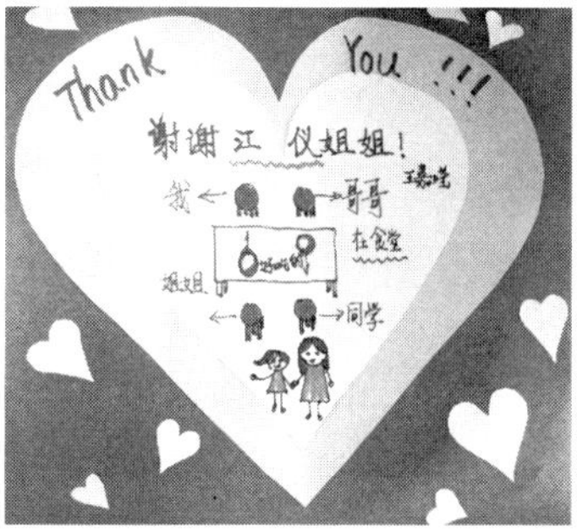

小乐绘制的食堂就餐图

小乐同学是我校三年级的学生，是独生子。在学校里，和小乐一起学习、玩耍的都是同龄的同班同学，最熟悉的老师也只有语文、数学和英语老师；在家里，和小乐朝夕相处的是爸爸、妈妈、爷爷、奶奶这样的长辈。可以说，小乐的人际交往维度单一，学习和生活质量难免大打折扣。似乎这也是当下学校教育的主题色：一排排、一间间教室几乎包含了所有学生的在校生活，课间教室里短暂的嬉闹也许就是学生最快乐的时光了。

但这一切随着小乐升入四年级而发生了改变，因为他来到了班组群这个大家庭。在这个拥有“三室一厅”的“家”里，四、五、六这三个年级的孩子们一起学习、生活，七位不同学科的老师如家长般陪伴左右。最令小乐感到神奇的是“三室”居然还会根据学习的需要不断变形！当然还有那无比宽敞、明亮的“大厅”，可以让自己放开做喜欢的事情。在这个空间里，有“班爸”“班妈”“叔叔”“舅舅”“阿姨”，有自己班的同学，还有五年级和六年级的哥哥姐姐。从小乐绘制的食堂就餐图中我们就会发现，小乐即便吃饭也是与哥哥姐姐一起的。当然，明年他也要像这些哥哥姐姐一样照顾新来的弟弟妹妹。这一切就发生在我们熟悉的家庭式生活、学习基地——班组群里。

第一节 我们的“三室一厅”

班组群作为学校空间变革的重要内容，前面我们已反复提到，它是由三个连续年级的三个班级的学生组成的学习共同体。在这个学习共同体里，学生不仅可以与同龄同学共同学习，也可以根据自己的整体发展需要，与其他年龄段的学生共同学习。来自不同学科的教师组成家庭式合作团队，共同负责一个班组群的一百多名学生的日常教育和管理，与家长密切合作，共同做好校内外不可分割的学生教育和发展工作。

那么我们为什么要设计班组群这一新型的学校教育组织形式呢？这是我们对当下社会现状、未来社会发展、学校教育本质所进行的再思考与回应。人们生活方式的变迁，使儿童的人际关系逐渐削弱甚至割裂；不断扩大的学校规模，虽然保证了教育教学质量的均衡发展，但也使“大学校”失去了“小学校”的温馨与特色；孩子的成长过于依赖班主任，缺少更多教师的协

班组群中的多样生活

同帮助；教师只知教教材，而没有肩负起主动育人的责任……

大背景的倒逼、现实的呼唤，都促使我们思考如何突破单一的班级授课制的局限，设计新型的教育组织形式，以适应儿童成长、社会发展的需要，真正履行学校教育的使命。就这样，一种新型的教育组织形式——班组群应运而生。

学校的日常管理工作均以班组群为单位进行协调和解决，这样做的目的是充分发挥班组群这一小单位灵活、协作的优势，在现有状况下最大限度地解放教师的教育力。如班组群公共空间的卫生值日由七位教师分别带领自己所负责的学生开展，这样就产生了负责公共空间卫生工作的七个不同的小组，为学生们创造了结识更多同学的机会，使打扫卫生不再是被动完成的任务。

有学生的地方就有老师。在班组群中，我们实行教师组群值班制度。每个时段，班组群的“厅”里都有一位教师承担值班的任务，负责照看整个班组群里的学生，保证在突发情况出现的时候，既不打乱正在上课的教师的教学计划和进程，又能对紧急问题及时做出响应并有效解决。在班组群的空间中，三个班级的学生与七位不同学科的教师在一起学习、生活，组成了一个其乐融融的家。

“七位教师 + 三个年级的学生”的人文空间与“三室一厅”的物理空间，共同滋养着学校内部的变革。

第二节　班主任 + 导师

班组群中教师之间的协同合作，既解决了长期分科教学背景下教师对学生发展认识上的局限，又避免了包班状态下教师专业成长的孤独。“班主任 + 导师”的育人模式，也有效地促使各个学科的教师承担起育人的责任，走出“我的学科”“我的班”的概念，建立起“我们家的孩子”的思维模式。当学生更加“真实”“立体”地在校园里展现自我时，一个老师眼里有了更多的孩子，一个孩子也会受惠于更多的老师，我们的教育也会更加鲜活。

一、多重身份激活多元视角

每个班组群由七位不同学科的教师组成教师协作共同体，在教学上突破了分科教学和个人包班教学的“两极思维”，实现了跨学科教研的共同作用。这样做既保持了分科教学的系统性和深度，又避免了单一学科背景下学生无法全面发展的局限；同时实现了学科组内以及跨学科的教研，规避了包班背景下教师专业成长的孤独，使教师的教育力得到了最大限度的解放。

在传统的班级形态中，一个班通常有一个班主任负责教学及日常工作，而现在，我们班组群中的每一位教师都要面对全群学生承担教育任务，所有的教师既是班主任也是导师，形成了“班主任 + 导师”的育人模式。在班组群的日常生活中，我们实行导师负责制，并组成导师团队。每个导师可以自由选择喜欢的学生（但必须三个年级的学生都要有），每个学生也可以自由选择喜欢的导师。导师承担着自己团队的日常教育工作，班组群的日常生活、社会实践和项目学习等教育教学活动，也都是以导师团队的形式开展的。这样，学生不但受惠于某一学科的教师，也受惠于导师，获得了更充分的成长机会。

我们在七位教师中设置一位群组长，负责组织群内教师的协同合作，共同作用于班组群中学生的日常学习与生活。在班组群中，群组长不是一个行政职位，而是起连接作用的角色。在这样一个协同合作的团队中，每个教师都能获得在某一方面领航的机会，如项目学习、组群课程、导师实践、组群文化等方方面面。

具体到教研方式，我们在保留学科教研的基础上，着力促进跨学科教研的不断发生与深化。每周既有传统的学科内教研时间，也有基于班组群的跨学科教研时间，同学科、不同学科的教师通过交流与沟通，设计不同层次的更具有综合性、探究意义的课程内容。

教师获得了多重身份，便有了从多个维度、多个途径认识学生的机会和可能。他们不但可以从自己所教学科的角度认识一个学生，还可以从班组群实践活动或者项目学习活动中认识这个学生。不同视角的转换，使教师得以看到孩子的更多面。教师的多重身份，使立体地看学生成为可能。

例如，奇思一直是令语文老师头疼不已的学生，他不仅不爱学习语文，还常常调皮捣蛋，总惹麻烦，问题不断。虽然语文老师用尽了各种招数，但收效甚微。很偶然的一次机会，班组群里的音乐老师告诉语文老师，奇思很有音乐天赋，简直是一个钢琴王子！这让语文老师有些意外：你说的是我们班的那个奇思同学吗？在发现这一点之后，语文老师在各种场合为奇思同学创造展现音乐才能的机会，渐渐地，以往让大家头疼的奇思摇身一变，成为大家心目中的“钢琴王子”，也喜欢上了语文。

又如，最近一段时间以来，小车同学因为家庭原因变得沉默寡言，在班组群活动中很少听到她的声音。她的异常引起了大家的注意，于是，老师们纷纷贡献自己的智慧和力量。李锴和李英老师表示：“我们可以主动跟她打招呼，没事儿就拉她谈谈心。”彭涛老师说：“孩子不是缺少父爱吗？我们可以请康永亮老师多跟她交流。”李君老师说：“我可以单独指导小车进行项目学习。”……在老师们的共同帮助下，小车同学渐渐敞开了自己的心，融入了这个小家。

当然，这样的故事还有很多，让我们切身感受到了“班主任＋导师”共力下的教育力量。

二、回到“家”里的教师生活

在我们学校，按说教师办公与研究的主要地点应该在每一层的教师研修中心。但很多时候，教师研修中心是空着的。这么多教师到底去哪儿了呢？原来，他们都回到“家”里了，班组群教室外面的“厅”成了教师教学生活的最主要场所。

在“家”里，教师不再那么高高在上，孩子能够清楚地看到教师的一举一动，师生打破了彼此间的隔阂，获得了更多的交流机会。在这样的空间里、在这样的生活中，少了一些权威，多了一些温馨，教师与学生走进了彼此的生活，走进了彼此的内心。

三、孩子有了选择“家长”的权利

导师对于班组群来说，有着极为重要的意义，因为作为“三室一厅”里的“家长”，他们在学校中陪伴孩子的时间最长，自然，也是这个“家”的主心骨。

在我们学校，导师既是教育的一种方式，也是教育的一个目标。因此，各个班组群八仙过海，各显神通，导师的形式也是百花齐放。

开始更多的是由班组群老师们自行组团，各自认领一些孩子。渐渐导师与孩子实现了双向选择，即导师提出自己的优势与要求，学生根据自己的情况选择导师，导师也根据自己的需要选择学生，这是师生“你情我愿”的结果。就拿下图这名导师的招聘启事来说，透过它我们可以看出，导师真是没少下功夫，“伯乐”“千里马”的比喻生动有趣，紧紧抓住了孩子们的眼球。

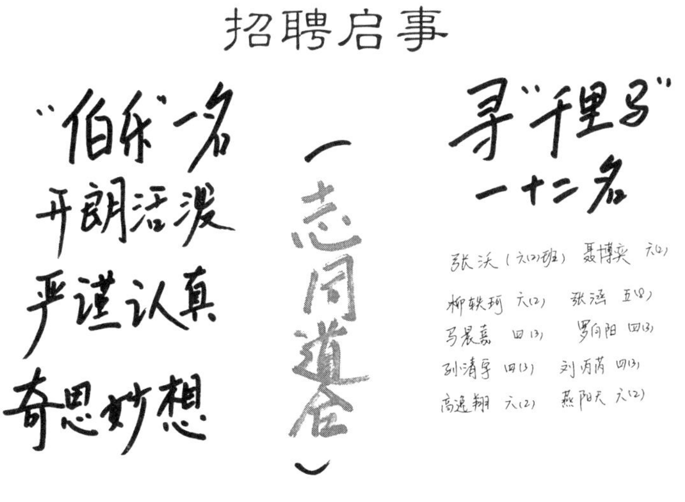

在百花齐放的导师选择形式下，我们欣喜地看到，教师放下了高高在上的权威，开始走进孩子的生活，与他们融成一个“家”。我们总会开玩笑地说：“孩子没有选择家长的权利。”但是，在班组群这个“家”里，孩子却拥有了选择“家长”的机会。“安其学而亲其师，乐其友而信其道”（《礼记·学记》），通过导师与学生双向选择这一活动，教师的教育力得到了更加有效的发挥，学生也得到了最需要的支持与关照。

第三节　学生最好的老师是同伴

班组群的最大魅力之一便是让学生与学生之间生长出多种多样、丰富多彩的关系，这种多维、立体的关系也让我们更加坚信这样一个认识：学生最好的老师是同伴。

在任何一群孩子中，都需要广泛多样的学习方式，因此我们力求打造多样化、有梯度的教育方式，以满足不同孩子的需要。更重要的是，这样一来，千差万别的孩子就得以相互学习，从不同的方面促进彼此的成长。

一、从“大牛”到“宝玉”

大牛不仅是班里“壮门面”的大帅哥之一，而且非常聪明机灵。他的发言常常很精彩，他的思维很敏捷，他的质疑挺到位，他的辩驳也不无道理。按理说，他应该是个人见人爱的孩子。可这大牛着实不是省油的灯。课堂上，不请他发言吧，他要么低头自顾自地不知在忙些什么，要么与同桌交头接耳，影响别人学习；请他发言吧，他不是说个没完，就是强抢话头犹如同声传译。课间大呼小叫的是他，趴在老师耳边不停告状的也是他。下课后一旦有老师“投诉”，准跑不了这头“牛”：音乐课上，损毁了书还不认账；体育课上，推搡了小伙伴还说是对方的错；科学课上，带头聊天儿被批评还不服气……真是让老师头疼。

如果说学校是社会的缩影，那么班级就是孩子的社会。像大牛这样徒有一身本领，却不知怎样和小伙伴友好共处的孩子，将来要如何适应社会生活？老师和学校又能怎样尽力帮助他呢？这一次，要感谢学校的“魔法”——以班组群为单位的跨龄、跨学科的项目学习。

2016 年 2 月底，随着新学期的开始，我们搬入了新校区，大牛也来到了一校二群。开放的中央图书馆、偌大的星禾厅、开阔的阳光操场、霸气的体育馆……这一切都让孩子们惊奇不已。他们有了左邻右舍的哥哥姐姐，真正开启了“上有老下有小”的生活模式，我们也拉开了项目学习的帷幕。新校区那么大，那我们的项目学习就从研究“我们的学校”开始吧。可要想进一步了解、发现、研究它，从哪里开始呢？老师们没有做过多的提示和引导，只是不停地启发：“你喜欢哪里呀？”“你对哪里最感兴趣呀？”孩子们纷纷回答：“我想知道会呼吸的地板是怎样呼吸的！”“我想研究梦工厂！”“我要去看看游泳馆！”“我想去摸摸吸音墙！”……从“我们的学校”出发，孩子们有了进一步的需求。他们想要更多地了解感兴趣的部分，便产生了寻找兴趣相投的伙伴结伴而行的意愿。脾气急的孩子迫不及待地提出：“老师，我们几个可以一起去吗？”这时老师便顺水推舟：“当然啦，还可以跟着五年级的哥哥姐姐、拉上二年级的弟弟妹妹一起组队呢！”这样的提示让孩子们沸腾了！客厅成了招募合作伙伴的现场，孩子们各显其能。高举牌匾招人的景象司空见惯，“跪求入伙”的也不乏其人。

大牛因为缺乏人缘，在班里只找到了一位同盟军。但是，这一点儿都不影响他在群里拉队伍。他居然招募到了六个小妹妹！他像不像《红楼梦》里的宝玉哥哥？他们小组研究的是茶艺教室，在实地观察后，几个人很快就回到了班组群。导师因为担心大牛，对这个小组自然“偏心”一些。但令导师吃惊的是，当其他小组还无所事事的时候，大牛已经带着妹妹们分工做事了。有的画茶壶，有的画茶叶，还有的取来了自己的彩笔和小剪刀，自始至终大牛都没有坐下来过——他在做领航的小雁，说说这个，指指那个，几个

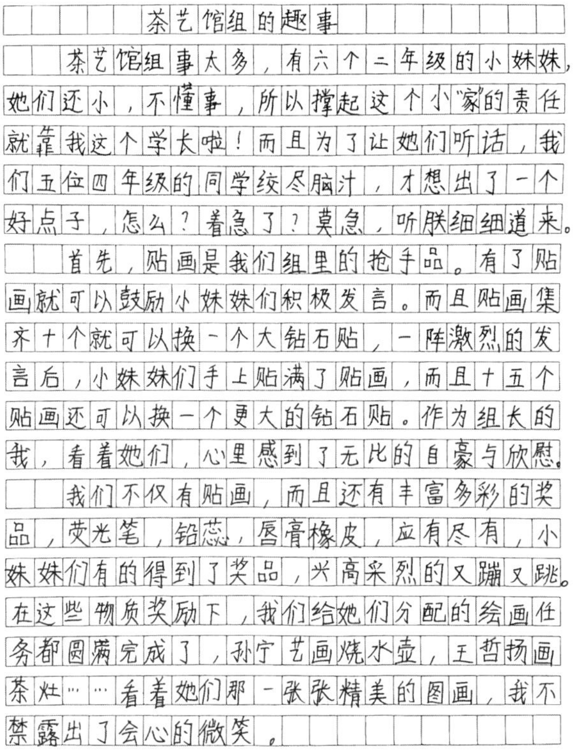

茶艺馆组的趣事

茶艺馆组事太多，有六个二年级的小妹妹，她们还小，不懂事，所以撑起这个小"家"的责任就靠我这个学长啦！而且为了让她们听话，我们五位四年级的同学绞尽脑汁，才想出了一个好点子，怎么？着急了？莫急，听朕细细道来。

首先，贴画是我们组里的抢手品。有了贴画就可以鼓励小妹妹们积极发言。而且贴画集齐十个就可以换一个大钻石贴，一阵激烈的发言后，小妹妹们手上贴满了贴画，而且十五个贴画还可以换一个更大的钻石贴。作为组长的我，看着她们，心里感到了无比的自豪与欣慰。

我们不仅有贴画，而且还有丰富多彩的奖品，荧光笔，铅蕊，唇膏橡皮，应有尽有，小妹妹们有的得到了奖品，兴高采烈的又蹦又跳。在这些物质奖励下，我们给她们分配的绘画任务都圆满完成了，孙宁艺画烧水壶，王哲扬画茶灶……看着她们那一张张精美的图画，我不禁露出了会心的微笑。

大牛描写的项目学习感受

妹妹乖乖地画画、涂涂、剪剪、贴贴。项目学习刚一开始，这个组就进入了状态。

年龄的差异，使大牛成为问题的解决者和决策者，而几个妹妹成了最好的追随者和记录者。小组里的每一个成员都在不知不觉中扮演着积极的角色。新的角色，催生了“宝哥哥”的责任感：“她们还小，不懂事，撑起这个小家的责任就靠我这个学长啦！”这种被需要的感觉，在同龄伙伴中是不会产生的。正是班组群的这种学习、生活模式，为大牛的迅速成长提供了最大的可能。

从“宝玉哥哥”的《茶艺馆组的趣事》中，我们能够看见一头“大牛”成长为一块“宝玉”的过程。在班组群的实践中，涌现出了很多类似于大牛的故事，这让我们看到了学生与学生之间的连接所产生的魅力。

二、学生导师“特工队”

任何制度都不可能是完美的，难免不断出现各种缺陷和漏洞。可是，正是在出现问题、解决问题的过程中，制度才会不断完善，成员才会共同成长。导师制也是如此：事情多、需求多，导师少、时间少等问题层出不穷。怎么解决？四校四群的导师提出了极具创意的解决办法：让学生成为导师。

于是，这些老师进行了调研（如图 3-1 和图 3-2 所示），发现学生需要的支持与学生可提供的帮助居然惊人地吻合，而且大部分学生都是“好为人师”的。看来，让学生成为导师是可行的。

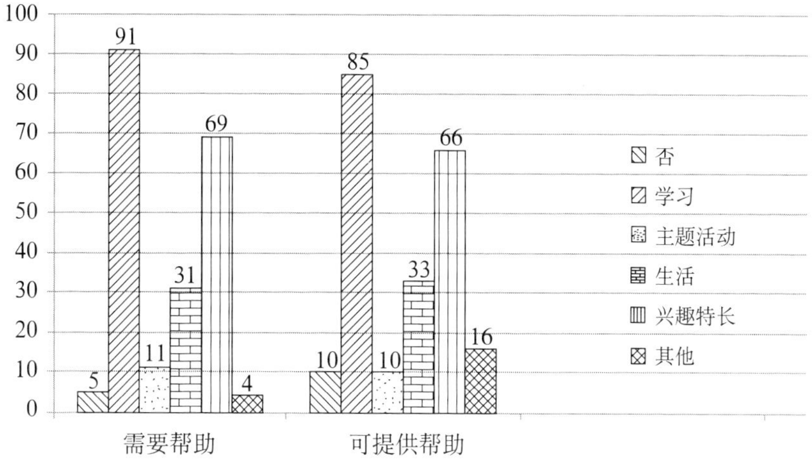

图 3-1　四校四群需要帮助和可提供帮助的学生人数统计

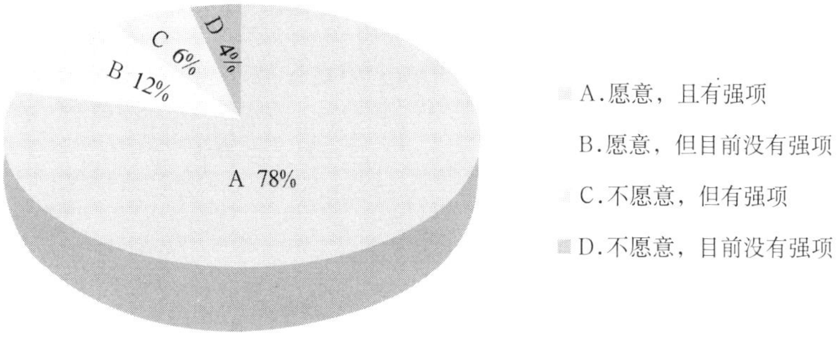

图 3-2　四校四群有意愿成为导师的学生百分比

当我们宣布选举学生做导师的决定时，学生们的行为超乎我们的想象。针对学生做导师这一想法在实施过程中可能会出现的问题，学生们进行了充分讨论，并提出了切实可行的解决方案。问题与对策，构成了学生导师活动的主要内容与原则。

表 3-1　四校四群选举学生导师可能存在的问题与对策

序号	问题	对策
1	学生导师怎样产生	自荐和竞聘
2	导师怎么招生	预选和开招生会
3	招不到学生的导师怎么办	开设导师讲坛
4	如何让人人都有机会	轮换制 + 分期分批
5	什么时间开展活动	中午 12:10—12:30
6	在哪儿活动	暂定在群空间和教室
7	专业怎么划分	学习、生活、主题活动、爱好特长
8	学生导师要不要培训 如果要，培训内容是什么	在活动开展过程中进行观察，记录需要培训的点
9	如何规范学生导师的言行	通过大雁积极行为
10	如何监督学生导师的活动	运用活动记录单
11	如何评价师生双方	运用评价表和点赞的方式
12	学生导师活动中老师的作用是什么	组织实施，指导学生导师，陪同实施，了解学生诉求，协调导学关系，提供物质、技术支持

在提出问题与生成对策的过程中，学生导师的方案逐渐完善，学生解决问题的能力也得到了提高。通过学生竞聘、导师招生会、拜师、讲坛、大导师带小导师、导师会堂等活动的历练，一支有战斗力、凝聚力的学生导师“特工队”成长起来了。

表 3-2　四校四群的学生导师“特工队”

社团名称	学生导师	成员	活动时间	活动地点	指导老师
无人机航拍社团	陈凯桐	陈凯桐、袁若天、陈曦云、唐世远、蔡君豪、郑贺、高源	周二中午	操场	仲伟燕
足球社团	肖子豪	肖子豪、李志恒、赵润茁、张珑伟	周二中午	操场	张猛
马良社团	唐雅昕	唐雅昕、黄海评、王天姝、史珈宁、邢楚瑶、杨添乐、顾思辰、张宇菲、张馨木、宁从心、周思洽、董意	周二、周三中午	群空间	张洁、孙立华
相声社团	王钧	陈奕璠、赵奕博、张茂玮、孙康宇、张子实、杨俊清、吴信岩、王钧	周二、周三中午	操场	路媛
朗诵社团	林书羽	林书羽、刘珺怡、贾晨曦、赵博轩、王颢憬	周二、周三中午	操场	翟淑君
航海模型社团	罗一鸣	李鑫阳、潘泽浩、刘一泽、魏宇鹏	周二、周三中午	群空间	张硕
舞蹈社团	张翊萱	杜心怡、刘家琪、孙雨柔、姜云迪、王辰荟、马令霖、方桢妮、刘育明、林润坤	周三下午	群空间	郭豆豆
羽毛球社团	常峻浩	朱奕辰、李浩仟、葛雨桐、肖博宇	周二中午	操场	孙立华

学生最好的老师是同伴，班组群这一新型的教育组织形式，不断丰富与重构着儿童之间的关系，让我们看到了教育的另一种可能与魅力。

第四节　学习与生活的基地

我们认为，学习空间的合理配置能够为学生提供良好的学习机会，创造师生共同学习的环境，让儿童的学习与生活实现最大限度的相容。在这一基础上，教育的主题色会不断丰富起来。

一、教室里，让学生离开课桌

让学生离开课桌，是为了重构儿童学习的物理空间与儿童内在的学习需要之间的关系。

长久以来，我们习惯了以黑板、讲台为中心的教学空间，在这样的空间中，学生被限制在座位上，这使他们的学习在很大程度上等同于听讲、记录与练习。显然，这与新课程倡导的精神，特别是与面向未来的教育是极不相符的。

而在我们的班组群中，教室的设计与建造从满足个体学习的需要拓展为满足个体、集体和小组学习的多重需要。课桌椅可以随意摆放成马蹄形、方形、圆形等不同形式，学生可以随意交流、走动，为独立学习、合作探索、资料查询、成果分享等不同形式的学习，为学生在教室里互动交往提供了环境支持。

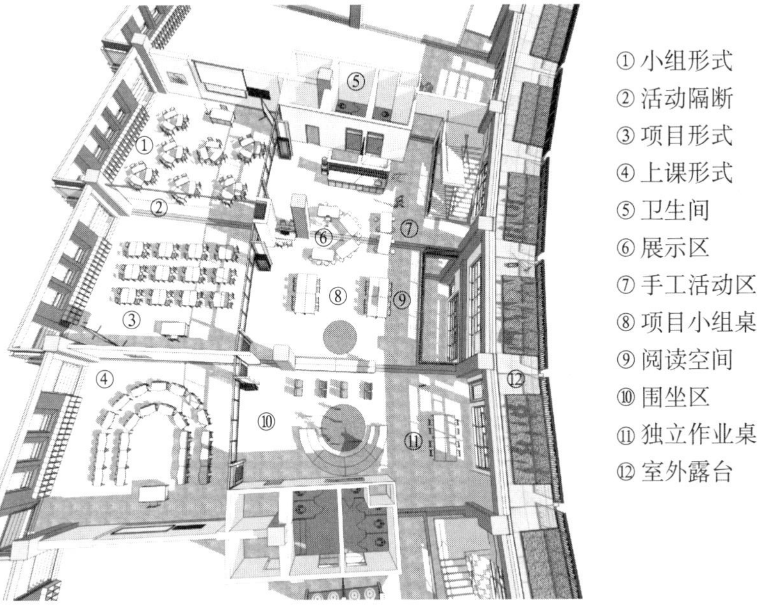

班组群中支持多种活动需要的“三室一厅”设计图

从“三室一厅”设计图中可以发现，我们不再将儿童的学习限制在固定的桌椅上，甚至不再将儿童的学习限制在固定的教室中，为儿童创造了更为灵动、更为开放的学习空间。只有这样，才能最大限度地实现学习方式的多重转换，满足儿童个体发展与健康成长的多元需要。

二、“厅”里的别样风景与多样遇见

“厅”，对于班组群而言是一种非常特别的教育存在。在这里，随处可见别样风景与多样遇见，学习的故事层出不穷，各种充满教育味道的生活故事屡见不鲜。

1. 学科与学科的最美遇见

班组群中的七位教师来自不同的学科，为开展跨学科的学习提供了适宜的土壤。在班组群的日常教学实践过程中，学科融合逐渐成为一种流淌在教师内心深处的自觉需要。如五年级的数学老师李京华与科学老师吕京荣发现，五年级的数学课中有一个内容是“体积和容积”，这一内容和科学课的“比较橡皮泥排开的水量”这一实验极其相似。于是，两位老师一拍即合，准备联合上一节课，让学生通过实验进行操作和研究。两位老师经过共同备课与研究，成功地完成了一节跨学科课程。

跨学科合作，最大限度地整合了课程资源，让我们看到了教学的多种组合形式。从教师的角度而言，两位老师不但没有增加负担，反而节约了课时，用共同的实验解决了各自的问题；从学生的角度而言，原来在数学课上学生动手做实验的积极性很难被充分调动起来，而借助科学教室的丰富资源，每个学生都积极动手做排水实验，这为好奇心强、渴望动手的孩子们打开了一扇探究之门。

课程在班组群中不断丰富着内涵与外延，这里有科学遇上数学的力量，也有语文遇上美术的美妙，还有音乐与数学的不期而遇……不同科目交相辉映，让课程变得更具魅力，让学习变得更有趣，让视野变得更开阔。

2. 新伙伴入住活动

每学期，每一个班组群都会有新的成员加入。为了使新入住的学生能更快、更好地适应班组群的建筑空间、项目学习、伙伴关系等新的形式与内容，更快地建立起基于新空间环境下的伙伴关系，学校提供了“新伙伴入住活动建议超市”，各个班组群从“活动建议超市”中选择适合本组群的活动，结合具体情况开展新伙伴入住活动。新伙伴入住活动建议超市包括以下内容。

可以这样秀自己：各班组群可以在空间里举办新伙伴介绍活动，比如每一个孩子制作一张自己的名片，在上面添加自己的照片及可以帮助他们更快

新伙伴入住活动：这里是我们共同的“家”

交到新朋友的基本信息，然后将名片集中展示在组群客厅的一面墙上，或挂在组群空间的“伙伴树”上。这样，家人们就可以通过浏览名片上的介绍更快地认识新伙伴。

我知道你叫什么：在这个活动中，哥哥姐姐、新来的弟弟妹妹需要尽可能多地叫出彼此的名字，并介绍对方的基本信息，以更快地熟悉每一位家人。

这里是我们共同的家：班组群大家庭中的哥哥姐姐们可以为新来的小伙伴做些什么呢？在老师的组织下，他们分成若干个小组，制订温馨的计划，带着新伙伴熟悉班组群空间，熟悉学校里的不同楼层，分享在这里学习和生活的真实体验和心得。

我们共同的约定：利用开学第一节选修课的时间或是第一次项目学习的机会，各班组群安排哥哥姐姐做一次履行新校区积极行为公约的分享活动，特别是对就餐、行走、使用洗手间、保护种植园、上下学接送等行为的约定进行说明，让新伙伴在第一时间就弄清楚新环境下需要遵守的积极行为准则。

班组群“家长”在这里：安排一次班组群老师面向全体新伙伴的见面会，每位老师向新来的小同学介绍自己所教的学科、在群里的具体任务，以及自己的一些基本情况，让新伙伴在第一时间就能认识组群里的每一个老师，与老师建立起积极、安全、多样的关系。

新“家”的那些第一次：记录新伙伴来到新校区和哥哥姐姐做的那些“第一次”。第一次和哥哥姐姐种花、第一次和哥哥姐姐温暖地拥抱、第一次得到新老师的帮助、第一次和哥哥姐姐参观工匠坊、第一次去图书馆，等等。

当然，各组群还可以根据本组群的实际情况，发挥教育创造力，在以上建议的基础上设计出更好的班组群新伙伴入住活动方案。例如，有的组群开展了“八分钟约会”，给孩子们开辟了专门用于交往的时间；有的举办了“伙伴节”，使新伙伴的入住更具仪式感。

三校一群开展的
“伙伴节”活动

3. 看一看厅里的“动静”

三校二群居然放出豪言：“不怕你拆坏，就怕你不拆！”还积极邀请其他班组群的师生们一起看一看属于他们的“动静”。为什么“动静”不是听而是看呢？原来，“动静”是他们“厅”的布局理念。根据孩子们的特点，这个班组群提出了“有动、有静、有共享”的设计理念。“静”，是为那些需要安静的孩子提供的阅读区；“动”，是为那些有探索欲、动手能力强的孩子提供的“拆拆角”；“共享”，是为所有孩子提供的展示舞台。

大家可能会问：这个“拆拆角”究竟是什么呢？为什么要设计这么一个区域呢？原来，老师们发现许多孩子特别热衷于拆东西，甚至教室中的一些教学用品都未能幸免。这种现象引发了老师们的思考：孩子拆东西主要是出于好奇心，那么如何保护和引导孩子的好奇心和求知欲，让他们拆得更科学、更有趣呢？由科学老师作为指导专家的拆拆角就这样应运而生了。

三校二群中的“动”——拆拆角

三校二群中的“静”——阅读区

“厅”里的别样风景，让我们感受到了班组群营造的“家”的氛围，使得“教师之间、师生之间、生生之间的关系发生了深刻的、良性的变化”[①]，促进学生之间建立起积极多样的学习与交往关系，实现了多元、多维的合作与沟通，共创共享的社会化交往，为学生建立了一生健康发展所需的人际交往基础。多维、多层次的关系也为学生构建了多样化的表达平台，学生的综合素养得到了显著提升。

第五节　让学校教育更有滋味儿

班组群宛如一位艺术家，尽情勾勒着教育的新线条，也用心涂抹着教育的各种色彩，不断为我们带来冲击与震撼。正如其中一个班组群的打油诗所描述的那样：“群内你我他，合作靠大家；小手牵大手，生活棒棒哒！”

一、学校教育的生活味儿

一直以来在我们的印象中，儿童在学校的教育生活只是由各个学科的学习和各种被赋予了教育味道的活动组成的。这样虽然保证儿童能够获得一定的知识与技能，却忽略了儿童作为一个“人”在“社会”中的存在与诉求。而班组群作为家庭式的学习与生活基地，在保证了传统学校教育优势的基础上，不断拓宽学校教育生活的外延，让我们认识到，原来学校的生活还可以是这样的。

例如，二校二群在“厅”里经营着“幸福一角”。他们认为，“家”应该是分享幸福、传递快乐的地方，每一个“家人”都可以把自己的快乐和幸

① 顾明远. 找到撬动变革的支点［N］. 中国教师报，2017-03-01（1）.

福拿出来分享：妈妈生二宝、自己过生日、比赛获奖了……这不，班组群的李老师要结婚了，喜讯传来，群里的孩子们便忙活起来了！一个小家伙问："我能为可爱的露珠姐姐（李老师）做点儿什么？"于是，所有"家人"一起剪喜字、写祝福语、吹气球、买喜糖，为李老师的大喜事张罗着、忙碌着！借这个机会，孩子们感受到了"家"的温暖，感受到了"家人"之间的真诚、友善、关爱。怎样爱别人，就这样孕育在每一件平凡的小事之中。

老师们也像嫁妹妹一样殷切嘱托，在带着学生剪喜字、贴祝福、传递温暖与爱的同时，也在用自己的行为告诉孩子们：要如我这般爱身边的人！新娘子李老师说："看到祝福溢满班组群的时候，我瞬间感受到自己在北京也有强大的亲友团，我有大大小小一百多位娘家人呢！"就这样，她带着亲人的祝愿和希望、感动和幸福从这里走向她新建的小家。

嫁"闺女"的喜乐祥和、其乐融融，让每一个人都能体味出"家"的味道。孩子们在这个过程中，既分享了喜悦，也学会了表达祝福、关爱他人；老师们在这样的活动中，拉近了彼此心灵的距离，产生了极强的归属感，更重要的是，师生共同营造了一个浪漫、温馨、友善的工作环境。在这样的环境中，每个人都会更有创造力，并将幸福与快乐传递出去，而这不正是教育的追求吗？

二、学校生活的教育味儿

在班组群的空间中，看似简单的一件生活琐事，教师也能够从中发现教育机会。就拿为学生分饭这件事来说，以前，因为低年级的学生太小，由他们分饭不安全，教师往往亲力亲为。这样做看似安全，其实剥夺了孩子成长的机会。于是，我们利用不同年级孩子在一起生活的这个优势，挖掘小事背后的教育意味，让六年级的孩子为弟弟妹妹分饭。这样做既让他们感受到了作为哥哥姐姐的责任感，又让他们体会到了服务他人的乐趣。

教育中充满了生活的味道，生活中积淀着教育的底蕴。我们不断感慨，原来学校的生活还可以这样丰富、温馨，原来教育还可以这样进行，还可以像生活一样自然地发生！

第六节　学校变革的最小“孵化器”

班组群是一种基于未来的教育组织形式，其重点在于多种关系的重组与建构，而非单纯物理空间的变化。通过实践，我们越来越坚定这样一个认识：班组群是一种教育理念，取决于我们对教育的认识和理解，“三室一厅”的空间构造有助于实践这种理念，但并非决定性因素。班组群作为一个支点，撬动着教育的整体变革，也作为一种面向未来的教育组织形式，倒逼我们再次反思常态下的教育价值与追求，倒逼我们想象面向未来的学校教育应该有的样子。

一、教学服务：由静等到推送

既然班组群是家庭式的学习、生活基地，那么对诸如教学场馆、教学用具、教学设施等的管理便需要融入家的味道，让教育资源走进学生的学习、生活。而以往那种固定的图书馆、固定的学具室、固定的后勤服务将不再适应班组群发展的需要。因此，“由静等到推送”便成为相关部门转型服务方式的应有之义。

例如，以往的校务部会等待各个班级上报需求，而现在校务部会在每个学期的开学和期末，主动征集各个班组群在学习生活过程中的需要，并据此采购；也会在每个月的第二周将一些必要的日常用品推送到班组群中，实现教学用品的更新。在这个过程中，教师不再为这些琐事分心，可以将更多的精力放在教育教学上，从而大大地解放了教育力。

二、课程设计：由单一学科到多样重组

在教育教学实施层面，班组群是“真实的学习”得以生长的土壤。在班组群这一教育组织形式下，跨学科学习、同伴合作、社区学习、混龄学习、家长参与等均获得了充分生长的空间。

很显然，班组群的生长需要多样的学习形式，而多样的学习形式也因为班组群这一组织形式而取得了更加理想的效果。不同层级、不同门类的课程之间不断转化、多样重组，既实践着“真实的学习”，也滋养着班组群的发展。

三、活动中心：由教室中心到多维中心

通常，教室被认为是学校中学习得以发生的唯一空间，其他地方都被认为是支持空间。这样的学习空间是静止的、孤立的，难以适应以“真实的学

戏剧厅的一个角落成为学习中心

习”为核心的课程需要。

真实的学习应该包含独立学习、合作探索、资料查询、成果分享等多种学习形式，教师应该鼓励学生交流和走动，也应根据需要变换课桌椅的摆放方式。简而言之，学校的任何地方都应是学习发生的环境，校园中的任何角落都可以成为学生活动的地方。在班组群的教育组织形式下，学生的学习和活动不再只发生在彼此隔离的教室里，而是随着学生的需要和学生活动的变化不断转化，由单一的以教室为中心发展为灵活、多变的多维中心，从而实现真实的学习。

四、教师工作：由学科分工到学科协同

分科教学的优势与弊端无须赘述。对于如何弥补分科教学的弊端，我们的教育研究者一直在不断思考。而在班组群的教育组织形式下，立足于不同学科的教师协同管理班组群，学科协同、责任分担、整合联动，不仅保留着学科教师任课及研修的专长，也融合了全人教育，避免了班级授课制下教师的孤独和隔阂。在小而完备的班组群中，不同学科的教师长期生活在一起，建立了多路径的教师伙伴关系，为跨学科教学提供了充分的前提条件。

在实践中，七位不同学科的教师负责三个班的教育教学工作，在“三室一厅”的空间里学习和生活，大家的交流变得非常自然、方便。平时在组群里值班的时候，不同年级、不同学科的教师有机会聚在一起，交流和碰撞自然而然就会发生；在出现教学交叉点的时候，不同年级、不同学科的教师的交流与协作也会自然而然地发生。

五、学习关系：由单向片面到多元立体

一所面向未来的学校应该包含多元、立体的关系，绝不仅仅是教师与学生之间、同龄学生之间这种单向片面的关系。因此，为学生创造丰富的学习关系，是未来视角下学校教育的重要使命。在班组群的教育组织形式下，学

生不仅可以与同龄孩子在一起学习、成长，还可以与上下两个不同年龄段的孩子共同学习、成长；学生不但与语文、数学等主要学科的教师密切联系，也与其他学科的教师甚至学校管理者密切联系。班组群为学生的发展搭建了跨龄、跨学科的多元立体的关系，开拓了蕴藏在多维度学习关系里无限广阔的教育空间。

第四章

真实的学习：构建生态大课程

每所学校都面临着这样的矛盾：一方面，学生的在校时间以及课时是相对固定的，而要学习的内容却越来越多；另一方面，培养完整的人是我们的教育目标，而学科之间的鲜明界限又将其割裂开来。那么如何让教师和学生从一节节课堂中跳出来，从一个个洞穴般的教室中走出来呢？

所以，我们着手建立一个生态的大课程，超越班级授课制以“班、课、时”为单位的局限，形成从“课堂、单元”的学习到“学期、学年”的学习这样一个科学的学习链条。

2011 年秋季，三小迎来了历史上最多的学生。当时学校有 2 个校区、131 个教学班、6300 名在校学生。面对这样一个超大规模的学校，新世纪初启动的基础教育课程改革，在学校的课程建设和发展方面，“像一头大象在跳舞，沉重而艰难”，而教师“更像是一个个摸象人，每个人看到的，都只是大象的一小部分，有的甚至不是大象本身。这些在历史的舞台上跳跃的碎片，却构不成对历史的真实认识”。[①] 我们不禁要问：如何跳出长期以来形成的“加加、减减”的小修小补式的课程建设思维，寻找到适合我们的课程发展路径？

我们通过不断的深度对话与交流，兼顾“起而行之”与“坐而论道”，

① 余慧娟. 大象之舞——中国课改：一个教育记者的思想笔记［M］. 北京：教育科学出版社，2015：3.

激发学校每一名教师的激情与热忱，构建课程建设的共同价值观，提炼学校的行动主张。

我们越来越清晰地认识到，单一的、局部的改良难以系统解决课程建设的问题，课程建设的深刻性和复杂性，要求我们在实践过程中秉承整体、系统改革的思路，运用科学的研究方法展开行动探索。通过对文献的学习与研究、学校典型案例的深度剖析以及国际实践的比较等，我们明确了如图 4-1 所示的课程建设以“生态”为底色、以“真实的学习”为核心的大课程观，以及“看见学生，看见学习，看见成长”的课程诉求。这二者共同影响着我们的具体行动，包括课程目标的确定、课程结构的规划、课程内容的丰富、板块时间的设计、教师课程领导力的提升等。不同要素之间的深度对话和良性互动，打开了课程建设的又一扇窗。当然，实践过程的复杂性，决定了每个阶段的工作重点都是交替循环、层层递进的，这种渐进性和系统性也保证了课程建设的平稳运行。而课程建设的过程，也不断加深我们对课程建设的理解，丰富我们对课程建设的创造。

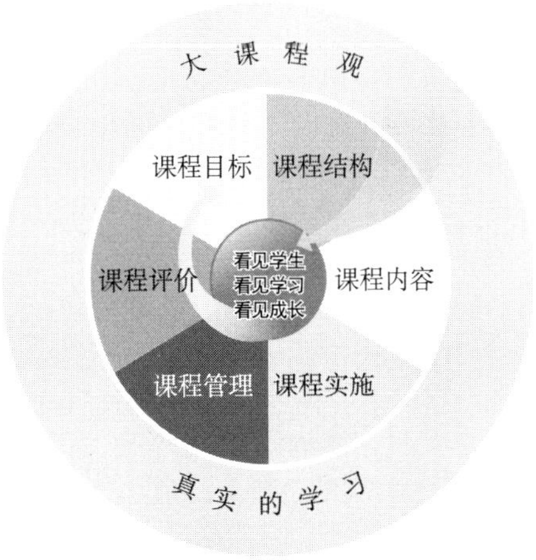

图 4-1　生态大课程实践体系

第一节　课程变革的校本印记

任何改革都需要思想和理论的指导。2001 年教育部颁布的《基础教育课程改革纲要（试行）》对基础教育课程改革的总体目标、具体目标、课程结构、课程标准、教学过程、教材开发、课程评价、课程管理、教师培训、组织实施等都做了很多具体的规划，很多学校也将此作为自己学校课程建设的指导思想，并在此基础上设计自己的课程结构与体系。我们也不例外。

长期以来，学校“在课程理论上，固守‘课程即学科’或‘课程即教学科目的总和’的观念，在课程价值上，把知识的重要性推向极致”[①]。在很长一段时间内，我们的“课程建设”更多的是表面上的“小修小补”，招式齐全却没有内力，与《基础教育课程改革纲要（试行）》中的理想相距甚远。实践证明，《基础教育课程改革纲要（试行）》作为国家课程改革的指导思想，还需要经历校本化的设计才能成为学校课程建设的行动指南。

如何将《基础教育课程改革纲要（试行）》倡导的理念作为种子，植入三小这片土壤中，并呵护着它生根、发芽、开花、结果呢？在实践中遇到的这个关键问题，既让我们感受到课程建设的艰难，更让我们明确了课程建设的深入需要有三小印记的课程底蕴作为支撑。为此，我们开启了教师的民主对话，开展了持续、广泛的研讨，形成了《学校发展纲要》，全面回答了学校课程建设的基本价值和根本定位问题，明确了课程理念、课程结构与课程实践路径等具体问题，在研究、实践与反思的螺旋式上升中，课程建设的普遍共识逐步转化成扎实的共同行动。

那么，我们的课程底蕴是什么呢？

① 郭元祥. 课程观的转向［J］. 课程·教材·教法，2001（6）：11–16.

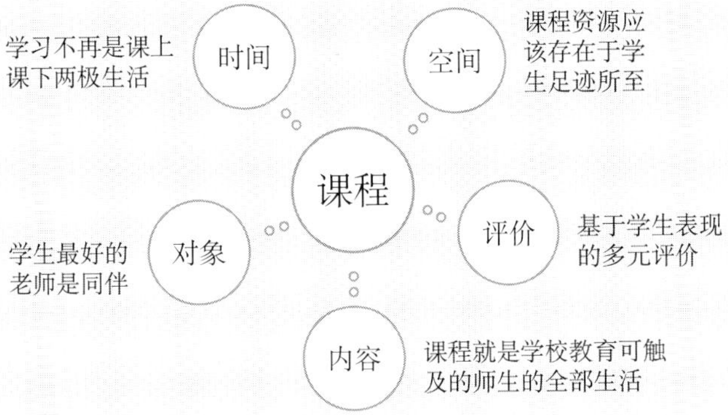

图 4-2　大课程观的内涵

首先，确定“大课程观”的哲学底蕴。课程建设需要面向未来的思考，正如一些学者提到的那样：“如果还是像我们的昨天那样对待孩子，我们就是在掠夺孩子的未来。”“大课程观”是我们思考课程建设哲学底蕴的起点，我们要从学生一生的发展以及影响学生发展的所有因素着手，超越时间和空间对课程发展的限制，构建我们的生态大课程。

如图 4-2 所示，我们认为，学习不再是简单的课上课下两极生活，学习资源也不再只局限于校内和书本，还存在于学生的足迹所至和人际关系所在；我们主张，学生最好的老师是同伴，它体现了生生互动的独特内涵，孩子只有在与同伴共同学习并向同伴学习的过程中，才能更好地学会自省、合作、互助，养成良好的社会行为、品质、责任；我们认为，课程就是学校教育可触及的师生的全部生活，强调丰富而多样的生活中学生个体的体验，尽可能地让学生多一点尝试、多一点选择、多一点自主，留下美好的印迹，以满足他们不同的需求；我们要求，展开基于学生表现的多元评价，形成一个个有意义的真实的学习场景，这些场景的形成过程既是学生学习、解决问题的过程，也是回答学习效果的过程，因为评价即学习，学习即评价。

其次，将“真实的学习”作为课程建设的实践主线。“真实的学习”是对“大课程观”的具体化与系统化，具有实践驱动力。我们认为，学习过程本身就是孩子的生活，真实的学习情境就是孩子的世界，这个世界与他们将来走向的世界应该保持最大的一致性。孩子在真实的学习情境中，学习解决真实世界的问题，在完成真实世界任务的过程中获得知识和技能，获得动手实践能力，习得明辨性思维。这一过程也是获得交往、合作、分享、表达能力的重要过程，行为习惯贯穿在学习的整个过程中，既是学习的内容，又是学习的保障。

我们以“大课程观”作为课程建设的哲学底蕴，以“真实的学习”作为课程建设的实践主线，不断积淀有着三小印记的课程底蕴，这种底蕴弥散在课程建设的方方面面，让我们在迷茫、彷徨之时，有可以信赖的方向，有可以汲取的力量。

第二节　三个目标、五种能力

《基础教育课程改革纲要（试行）》已经明确指出，新课程的培养目标应体现时代要求，并对其进行了具体的阐释。在这个总目标的基础上，教育部发布了各个学科的《课程标准》，以指导各个学科的发展。这些必然成为每一所学校课程建设的最终归宿，也是我校课程建设努力走近的理想。因此，我们从学生的发展需要与规律出发，对各个学科的《课程标准》进行再解读，梳理出各学科的学业标准和学科发展路径图（如图 4-3 所示）。

在很长一段时间里，教师认为课程建设只不过就是将各个学科不断导向深入而已，因此，各个学科的《课程标准》成为学校的“宪法”，无论是课程建设还是课堂教学，都需要对《课程标准》进行理解与解读。大家一头扎进学科的规划与建设之中，不断推动学科研究的深入，为《课程标准》的校本化与具体化努力。

但是，当我们驻足反思的时候，却发现我们离《课程标准》很近，离

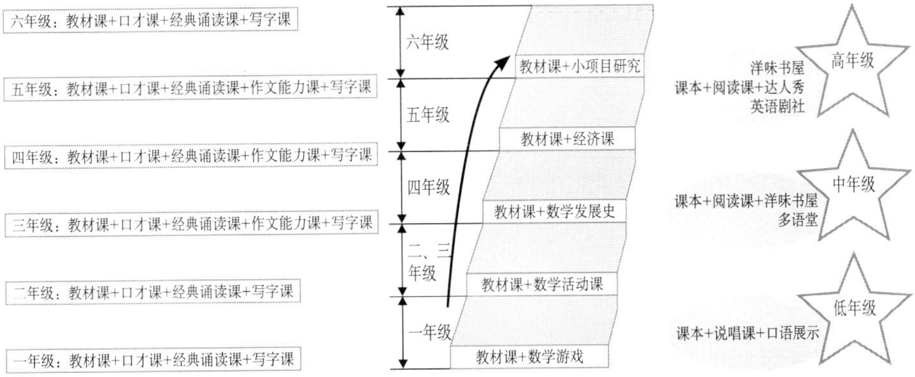

图 4-3　语文、数学、英语学科发展路径图

《基础教育课程改革纲要（试行）》较远。特别是随着我国课程改革进入深水区，更加具有指导性、前瞻性的《中国学生发展核心素养》于 2016 年正式发布。它再次提醒我们：整体育人目标在课程建设过程中有被淡化的倾向。我们需要主动出击、有所作为。现在，我们课程建设的探索已经从探究普遍性的教育规律走向探究具体情境化的教育意义，从“课程目标范式”走向“课程理解范式”，课程建设的过程也成为一种多元文本理解的过程。具体情境化的教育意义与多元文本的理解诉求，要求我们将对《基础教育课程改革纲要（试行）》和《中国学生发展核心素养》的理解沉入三小的具体情境之中，形成我们的育人目标与课程总体目标。

经历了校本化与情境化之后，我们逐渐明确了“受欢迎、有能力、有担当”的育人目标与“掌握学科基础知识、基本技能的能力，追求包容规则、公正的能力，交流、沟通的能力，团队协作、创新的能力，践行积极行为的能力”这五种关键能力，这些育人目标和关键能力更易使教师们产生亲近感和归属感，成为每位教师教育教学行为的出发点和归宿。

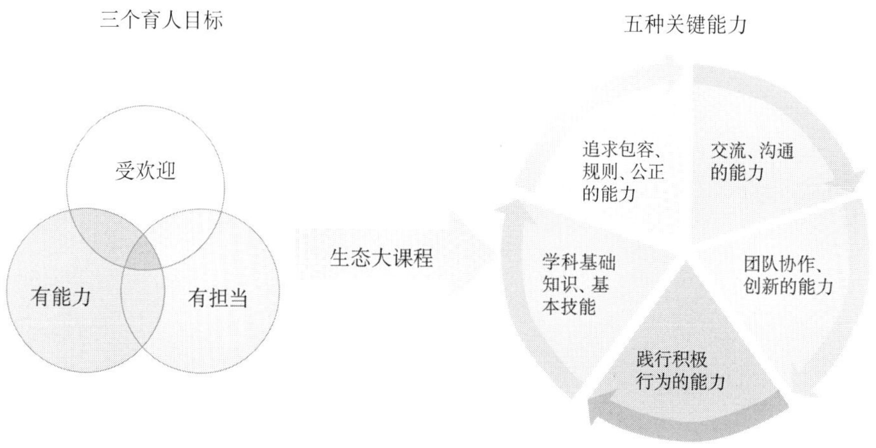

图 4-4　三小育人目标和关键能力

第三节　课程的“骨架”与“血肉”

针对当前学校教学科目有限、考核标准狭窄的现状，著名教育家肯·罗宾森为学校的课程设置开出了药方，这个药方“有三个特点：一是多样性，让每个学生有足够的机会去发现个人强项和兴趣；二是有深度，有合适的选择让学生得以遵循自己的兴趣深入发展；三是流动性，允许不同年龄的学生和不同专业的老师之间有合作和交流的空间”①。

我们的课程突破了课程内容以语文、数学、英语、科学、美术、音乐、品德与社会（以下简称“品社”）、体育等学科为主的困境，大量校本课程作为学科课程的延伸不断涌现出来，例如语文类的“海量同读”“经典诵读”“金话筒”；英语类的“英语好声音”“英语全英汇”“英语达人秀”“洋味书屋”；数学类的“大家玩数学”“大家秀数学”；科学类的“机器人”，等等。

① 赵潇. 开发创造力：肯·罗宾森教育旋风［J］. 发现，2015（11）：52.

在这一过程中，各个学科课程整体建设的主线逐渐清晰，教师课程开发与实施的能力在潜移默化中慢慢孕育。

但同时我们也发现了一个问题：课程建设在数量上呈现出一种“虚胖”的倾向。如何让课程建设由“虚胖”走向“瘦身”，同时为教师课程能力的持续发展创造更大的空间，是我们亟须解决的主要矛盾。重塑课程的“骨架”与“血肉”，成了这一发展时期学校课程建设不可回避的主题。

一、重塑课程的“骨架”

“大课程观”和“真实的学习”都让我们明确了在课程建设中，不能仅仅依靠小修小补，还需要跳出长期以来“加加、减减”的单一思维，重构学科目标与学科路径、学科与学科、课程与儿童等关系的变革思路。

我们借鉴国际上已有的研究成果，在保留分科教学优势的基础上，将原本分散的十多门学科按照相似性重组，形成了六大类课程群：（1）语言类（语文、英语）；（2）数学、科学、科技、工程和信息类；（3）历史与社会科学类；（4）视觉艺术类（美术、手工、摄影、微电影等）；（5）表演艺术类（音乐、戏剧、舞蹈等）；（6）积极健康的身体活动方式等。

整合后的六大门类课程，有助于减少单纯的学科分类所带来的内容上的重复，模糊了学科间的界限，为学科间的协同教学和融合提供了机会和可能。

根据学生在学校的生活半径和真实学习的不同样态，我们又将这六类课程群合理有序地纳入如表 4-1 所示的三个层级——基础层、拓展层和开放层，形成了如图 4-5 所示的“三层六类”课程结构。

生态大课程是一个完整的课程实践体系，它旨在穿越课程结构的壁垒，有机融合分科学习与综合学习各自的优势，聚焦学生创新实践和解决问题的能力，使教学活动与学生的日常积极行为相统一、知识学习与动手实践和社会交往过程相统一，使深度学习得以发生。

基础层、拓展层和开放层三者之间不是递进的关系，也不存在截然割裂

表 4-1 “三层”课程设计框架示意图

三层	主要形式	设计意图	课时设置
基础层	以分科学习为主	以基于学科知识的分科学习为主，强调学科内部之间的联系和实践；借助真实的问题情境，选取真实的活动内容，进行积极有效的学习	每周 21 学时
拓展层	同学科跨龄学习 同龄跨学科学习 跨龄跨学科学习	班组群内不同学科的教师根据学科内容进行有机整合，减少不同学科间知识的重复或割裂	每周 6 学时
开放层	跨龄的、多学科相融的项目学习	以学生感兴趣并有意义的真实任务展开综合性学习，综合使用校内、校外的多种资源，以达到创新实践、解决问题的目的。	每周 3 学时

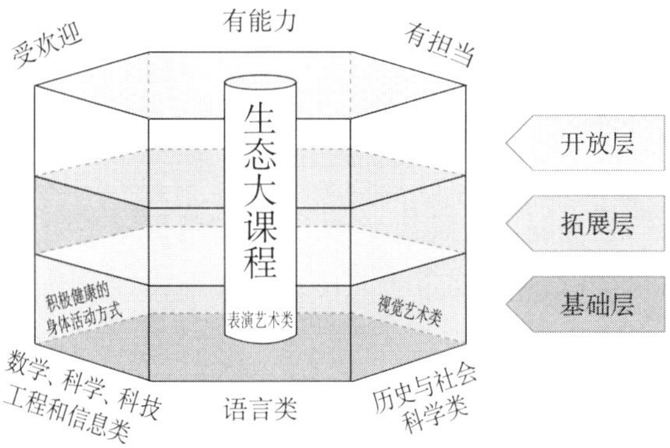

图 4-5 “三层六类”课程结构示意图

的界限。在三个层面的教与学上，我们都强调要根据学习的内容以及学生的认知特点，采用“直接讲授 + 小组合作 + 团队研究”的方式，注重将积极行为的学习与知识、技能以及明辨性思维等的学习有机融合在一起。

二、生长课程的“血肉”

在课程从“虚胖”走向“瘦身”的过程中，除了明确学校课程的“骨架”以外，还需要对原本已有的各项、各类课程进行必要的删减、整合与调试，使得课程在“瘦身”的同时，变得更加“结实”。基于这种理念，我们形成了如表 4-2 所示的“三层六类”课程。

表 4-2　“三层六类”课程的具体设置

<table>
<tr><th rowspan="3">六类</th><th colspan="5">三层</th></tr>
<tr><th>基础层
（21 学时）</th><th colspan="2">拓展层
（6 学时）</th><th colspan="2">开放层
（3 学时）</th></tr>
<tr><th>必修课</th><th>选修课</th><th>组群大课</th><th>项目学习</th><th>学科实践活动</th></tr>
<tr><td>语言类</td><td>语文：
识字写字、海量同读、经典诵读、金话筒
英语：
英语好声音、英语全英汇、英语达人秀、洋味书屋</td><td>日本文化、演讲与口才、我的讲台我做主、戏剧、小主持人、国学、美韵、新闻小记者等</td><td rowspan="6">诗画展示
（语 + 美）
光影实验
（语 + 科 + 英）
土豆沉水实验
（数 + 语 + 科）
导游词
（语 + 英 + 信息）
节约用水计算
（数 + 语）
动物研究院
（科 + 语）
体验欣赏传统文化·京剧
（音 + 美）
汉字之美
（语 + 书）
金牌小导游带你逛北京之设计导游手册
（语 + 信）
毛毛虫美篇报道
（语 + 体）
制定出游方案
（语 + 数）
圆明园 + 滴水实验
（数 + 科 + 品社）
七律·长征
（语 + 音）
校园中的植物
（语 + 科 + 英）
鲤鱼跳龙门
（语 + 体）</td><td rowspan="6">周二下午的项目学习 & 一年级入学课程 + 六年级毕业课程 + 其他升级项目</td><td rowspan="6">博物馆、科学院、体验园、训练营、户外公园、农业基地、劳技中心</td></tr>
<tr><td>数学、科学、科技、工程和信息类</td><td>数学：
大家玩数学、大家秀数学
科学：
机器人，模型，制作无影灯、保温杯、小杆秤等</td><td>皮影客、影像、视觉、天文、乐高、搭建、DI 头脑风暴、建筑模型制作、单片机、航模、制作、设计、思维、扑克牌魔术、数学游戏、玩转数学、航天、微电影、科学小实验、小科学家、动画世界中的动物科学、植物探秘、手链编绳、猫爪（scratch 编程）、3D 打印、四轴飞行器遥控飞行、榫卯结构木工制作、STEAM 科学实验课等</td></tr>
<tr><td>历史与社会科学类</td><td>品社：
节日课程、安全课程、心理</td><td>世界文化之旅、变废为宝、历史故事、带着灵魂去旅游、中国传统故事、安全自救、园艺与插花、小厨房、穿针引线等</td></tr>
<tr><td>视觉艺术类</td><td>美术：
即时性课程</td><td>电影欣赏、国画、民间美术、衍纸、创意美术、素描、服饰·美、经典儿童电影评析、摄影赏析及技巧、建筑赏析及临摹、纸为你喝彩、串珠、橡皮章、景泰蓝装饰画等</td></tr>
<tr><td>表演艺术类</td><td>音乐、与身体交朋友</td><td>戏曲、视唱练耳、瑜伽与舞蹈、民谣吉他弹唱入门、陶笛乐队、儿童戏剧、尤克里里、葫芦丝、绘本剧、话剧配音、魔术、相声、朝鲜象帽舞、木偶戏等</td></tr>
<tr><td>积极健康的身体活动方式</td><td>体育：
足球、篮球、游泳</td><td>围棋基础、体质监测提高班、篮球大课堂、羽毛球、定向越野、跆拳道初级课程、竞技踢毽、小足球、攀岩、少儿瑜伽、空竹、空手道、五虎棍等</td></tr>
</table>

第一，基础层。在继续发挥分科教学优势的基础上，加大学科内知识的整合程度，着重于知识和技能的学习和掌握，追求品德、行为、知识、技能的整合。我们对以往在各个学科“深耕细作”下所产生的各种校本课程进行二次设计与开发，将其纳入“三层六类”课程的“骨架”当中，例如将语言类中语文学科的“海量同读”“经典诵读”“金话筒”、英语学科的“英语好声音”“英语全英汇”“英语达人秀”、科学学科的“以项目学习推进单元学习”系列课程和美术学科的即时性课程纳入基础层的必修科目之中。

第二，拓展层。以基于学科内容的跨学科、跨年龄的综合学习为主，同时基于学生的自主选择，辅以多门类、跨年龄的选修课程，尊重学生的个性，发展学生的爱好，培养广泛的兴趣。一是在选修课程方面，结合学校原有的选修课，依据学生的兴趣和需求及学校的课程总目标，进行删减、调试和增补，依据六类课程群将 80 多门选修课纳入拓展层当中，同时借助校外力量解决师资不足的问题；二是通过组群大课，在一个 90 分钟（2 学时）的板块时间里，尝试基于国家教材与学生生活的跨学科学习，希望通过一节节大课的探索，帮助老师们形成融会贯通的自觉意识，同时收集成熟的案例，将其建设成具体的一门门小课程，并逐步纳入拓展层当中，为教与学提供拓展性的课程资源平台。

第三，开放层。在真实的社会情境中，让学生体验不同的社会角色，以学生感兴趣或有意义的真实问题为核心，以跨年龄、多学科的项目学习为主，运用跨学科、跨门类的知识技能，综合使用校内、校外的多种资源，培养学生解决问题的能力。一是在每周二下午一个 90 分钟的板块时间里，进行开放性的项目学习；二是采取项目学习的方式进行学科实践活动。同组群大课一样，将成熟的案例建设成具体的一门门小课程，并逐步纳入开放层当中，形成开放性的课程资源平台。

三、课程与学生个性的交流

学校的课程建设是一个实践的过程，是一个不断反思、慢慢生长的过程，是在不同的发展阶段不断与自我对话和叩问课程目标实践效果的过程。在这个过程中，我们逐渐明确了“大课程观”的哲学底蕴、“真实的学习”的实践主线、学生的发展目标以及五大关键能力，对学校课程的“骨架”和“血肉”进行了重塑。

在最初的尝试中，我们根据学校已有的教师资源，开设了40多门校本选修课程，为学生的个性成长和兴趣培养提供了一个可供选择的空间。但是在实践中我们发现，学生并没有真正拥有选择权，我们只不过是在学科课程之外，安排了一些培养学生技能和兴趣爱好的科目而已。

于是，我们重新定位。第一，在拓展和深化六大类课程群的基础上，培育学生多方面的兴趣，丰富学生的体验和认识，让课程与学生的个性充分交流；第二，打开视野，引进校外资源，为学生提供更加丰富的课程资源，为学生个性成长和发展打造更适宜的空间；第三，根据爱好相同的原则，超越年级界限，实行跨年级的“走班选修”。在方向明确之后，我们形成了如表4-2所示的选修课内容，并且完善了学生选课的流程。

1. 申报流程： 学期初，课程部规划课程内容→数码平台呈现信息（课程内容＋评价量规），学生与家长预看→网上选课。

2. 选课要求： 每个学生只能选择一门课程；每个学期总评不合格，下个学期这门选修课要重新学习；新学期不能重复选择课程；六个学期至少选择四个门类的课程。

3. 走班跨龄制： 根据年龄特点、课程学习内容，确定不同的跨龄方式，例如三至六年级，或者四至五年级等。

4. 课内评价： 每门选修课按照优秀、良好、合格和再努力四个等级进行评价。以视觉艺术类的“民间美术”选修课为例，见表4-3。

表 4-3 “民间美术”评价量规

评价要素	优良	达标	待达标
实践能力	运用组合原理，独立完成7—8 件有创意的艺术作品	独立完成 5—6 件艺术作品	在别人的帮助下完成 5 件以下艺术作品
欣赏评述	能运用美术语言多角度评价同伴的 7—8 件艺术作品	运用美术语言评价同伴的 5—6 件艺术作品	评价同伴 5 件以下艺术作品
资源利用	发现利用身边不同质感的废旧材料进行艺术创作不少于 3 件作品	利用身边的废旧材料进行艺术创作不少于 1 件作品	利用废旧材料没有进行艺术创作
美化生活	合理运用艺术作品装饰美化校园、班组群、美术教室	运用艺术作品装饰美化班组群、美术教室	不能运用艺术作品装饰美术教室
考勤情况	缺勤（迟到、早退）1—2 次	缺勤（迟到、早退）3—4 次	缺勤（迟到、早退）4 次以上
课堂表现	认真听讲、积极发言、善于合作、带齐学具、及时上交作业		

5. 全校展演：将全校的选修课划分成展示体验和表演体验两个部分，使每个学生都能够对全校所有选修课有所了解，便于他们下次选课时能有更加直观的认识。

展示体验：首先教师介绍选修课的整体情况，然后学生借助自己的作品进行汇报性的说明和讲解，最后学生间进行近距离的作品欣赏和交流学习。

表演体验：结合一学期的学习，每个学生进行汇报性表演，可以独自表演，可以两个人结对表演，也可以 3 个人以上的小组进行展演。之后学生相互进行手把手的学习和交流。

四、即时性课程：课程与生活情境相融

《小窗幽记》中有这样两句诗：“宠辱不惊，闲看庭前花开花落。去留无意，漫随天外云卷云舒。”庭前的花开花落和天空的云卷云舒都可以成为学生成长的养分，可这些美好的瞬间总是稍纵即逝，如果我们能够捕捉到这些精彩的生活片段，或许就可以为孩子们增添更多美好的记忆。

于是，我们提出“即时性课程”的概念，即根据不同学段学生的特点及教师的特长，把握随机事件、生活细节，将其设计成课程。这样的课程能够及时捕捉生活中的点点滴滴以及世界新闻，具有相对的灵活性，不仅丰富

了我们的课程体系，凸显了课程的张力，更加强了学生与真实生活世界的互动，实现了任务驱动下的学习。以美术即时性课程为例，见表 4-4。

表 4-4　美术即时性课程典型课例

课题	年级	表现形式	教学背景
麻绳装饰瓶	四—六	制作	5 月的北京，是各中小学组织学生社会实践活动的最佳季节。学生参加实践活动带回来很多饮料瓶，希望在第二天的美术课上把这些饮料瓶变废为宝，装饰美化学习空间。对于学生萌发的创意思维，老师给予了肯定与支持，并与学生沟通交流，最终确定使用麻绳辅助制作水培装饰瓶的方案。
赛龙舟	四	陶艺	有学生在校园里捡到了一根艾草，同学们有的说在端午节将艾草挂在门口可以辟邪驱瘴，有的说起端午节吃粽子、赛龙舟的习俗，有的干脆做起划桨的动作，真是惟妙惟肖、稚拙可爱。面对学生对赛龙舟的浓厚的兴趣，我们设计了美术即时性课程“赛龙舟”。
纸杯花	四	制作	自从搬入美丽的新校区，我校召开了许多研讨会，随之产生了大量的废纸杯，于是教师组织学生讨论：废纸杯如何处理？怎样变废为宝创意制作？有的学生说，可以用废纸杯做出有美感的艺术品；有的说，春天到了，花都开了，可以用废纸杯制作纸杯花……于是，学生们在思维的碰撞中共同开启了创作之旅。
树叶花瓣巧设计	五	拼贴制作	春天来了，校园里开满了色彩斑斓的花，风吹过，花朵簌簌飘落，美丽极了。大自然的色彩是最美、最和谐的，这些漂亮的花瓣无疑可以培养学生发现美的能力，于是教师就把这些落花、落叶捡回来，并组织学生讨论：怎么留住春天的美？怎么用这些花朵、树叶美化我们的生活？有的学生说，把这些落花、落叶留下，就是把春天留住了；有的说，可以做一些装饰品；有的说，可以把这些落花、落叶拼成服装。于是，学生们开始探索大自然的美，认识大自然的美，开启创造美的历程。
北校区窗帘设计	三—五	绘画设计	美丽的新校区呈 C 形，外围宽敞明亮的落地窗给我们带来了美的享受，同时也给我们带来了一些小的困扰。由于采光太好了，光线照射下，学生常常看不清屏幕，于是学生们开始讨论解决这一问题的办法。最终他们达成的意见是：采用项目学习的方式，设计新校区的窗帘。美术教师便承担了这一项目的设计及辅导工作。
马航失联	五	儿童画	这些天，学校各个角落的师生们都在谈论一个话题：马航失联。大家的心情都很低落，于是教师带着孩子们为马航的乘客祈福，设计制作祈福卡，表达对马航乘客的关怀，培养孩子们关注时事、关爱生命的品质。

五、课程与建筑的对话

建设新校区的过程是一个不可再生的学习资源。六年级学生开展了工程课程，亲自走进建筑工地，自然发现了许多想要了解和研究的问题：大吊车中小滑轮的作用是什么？新校区有哪些新型材料，功能有哪些不同？新校区使用了哪些特殊的玻璃？建筑工人如何判断墙体是否垂直？新校区的各类警示牌、指路牌分为哪几类，如何设计？阳台上的种植箱里可以栽种哪些绿植？怎样设计花圃？……孩子们根据自己的研究兴趣组成了不同的小组，每个小组都有教师和专业的家长作为导师，为孩子们的研究提供支持。孩子们尝试综合运用不同学科的知识，开展相关的项目学习。在聆听校园总设计师的报告中，他们了解了建筑工程的相关知识，体会到了工程师严谨的工作作风。

“三层六类”课程的“骨架”在我校不断生长着“血”与“肉”，逐渐丰满起来。在三小的课堂上有学科内部生长出的美妙，有不同学科碰撞出的力量，有自主课程的多姿多彩，还有课程与儿童经验的不期而遇。而所有这些，共同构成了一个生生不息的课程生态。

第四节　灵动的板块学时

一节课 45 分钟、课上课下两极生活是我们习惯了的学校生活模式。随着我们“三层六类”课程建设的需要，越来越多的课程样态不断出现，那么如何实现授课模式与课程内容、课程样态的有机互动呢？我们尝试着设计一种简约而灵动的板块学时。

我们将以往 45 分钟一学时，转变为时长 90 分钟的学习板块，这期间没有上下课铃声，由 2 个或多个学科的教师自主协商，自由分配时间段，以满足多样化学习的需要。这样的设计为老师灵活安排教学内容留出了空间，也为跨学科学习提供了实践创新的土壤。

据此，我们将一天的学习时间整合为 3 个时间板块和 2 个群组活动时间段。每个板块学时为 90 分钟，组群活动时间段分为 40 分钟和 100 分钟。组群活动时间包括大课间、午餐和组群生活（如自主社团活动、组群生活会、班会等）。

课表的编排方式也按“三层六类”课程结构进行有机排列，为跨学科合作提供可能，创造机会和条件。

表 4-5　板块学时与课表设计

<table>
<tr><th></th><th></th><th colspan="2">周一</th><th colspan="2">周二</th><th colspan="2">周三</th><th colspan="2">周四</th><th colspan="2">周五</th></tr>
<tr><td rowspan="2">第一板块</td><td rowspan="2">8:00—9:30</td><td rowspan="2">语言类</td><td>语文</td><td rowspan="2">数科工信类</td><td>数学</td><td rowspan="2">数科工信类</td><td>数学</td><td rowspan="2">语言类</td><td rowspan="2">语文</td><td rowspan="2">跨学科</td><td>语文</td></tr>
<tr><td>英语</td><td>科学</td><td>科学</td><td>音乐</td></tr>
<tr><td>组群活动</td><td>9:30—10:10</td><td colspan="10">大课间：积极健康的身体活动</td></tr>
<tr><td rowspan="2">第二板块</td><td rowspan="2">10:10—11:40</td><td rowspan="2">跨学科</td><td>数学</td><td rowspan="2">跨学科</td><td>语文</td><td rowspan="2">语言类</td><td>语文</td><td rowspan="2">跨学科</td><td>数学</td><td rowspan="2">跨学科</td><td>英语</td></tr>
<tr><td>体育</td><td>音乐</td><td>英语</td><td>体育</td><td>体育</td></tr>
<tr><td>组群活动</td><td>11:40—13:20</td><td colspan="10">午餐＋组群生活</td></tr>
<tr><td rowspan="2">第三板块</td><td rowspan="2">13:20—14:50</td><td rowspan="2">跨学科</td><td>美术</td><td rowspan="2" colspan="2">项目学习</td><td rowspan="2">语言类</td><td>写字</td><td rowspan="2">跨学科</td><td>品社</td><td rowspan="2" colspan="2">选修课</td></tr>
<tr><td>品社</td><td>阅读</td><td>美术</td></tr>
</table>

根据课程内容或者教学的需要，教师可以灵活调整板块，为灵活掌握学时进度提供了便利。在保障整体学时的基础上，项目学习的时间可以根据项目内容或进度需求，和其他板块的时间进行交换与调整。比如，一个项目需要 3 次连续的项目学习才能完成，一个周二下午显然不够，而这个项目又不适合延续几周的时间，于是班组群的老师们便一起商量调整，将周三和周四下午的课程适当后延，将连续的两天时间让给项目学习，以求项目学习能够取得更好的实施效果。

第五节　看见学生，看见学习，看见成长

我国的课程改革走到现在，已步入深水区。我们不光要让课程内容紧扣学生的真实生活，还需要在学生评价方面着力，走出用单一分数评价学业质量的误区。那么我们怎样变革评价，才能真正地看见学生、看见学习、看见成长呢?

我们的做法是：在原有纸笔测试单一评价的基础上，完善纸笔测试的方式和内容，同时融入表现性评价，由它们构成评价系统的两翼（如图 4-6 所示），同时将我校的五个关键能力作为落实评价的核心，由此衡量学生在学习中的收获和具体的成长。这样，一个有意义的、真实的学习场景，既包括了学生学习、解决问题的过程，也包括了回答学得怎样的过程。

图 4-6　多元的学生评价系统

一、纸笔测试

最初，我们对评价的认识还停留在考试与分数层面，主要学科只安排了针对关键知识与技能的验收性考试。后来随着课程建设的发展、各学科课程标准的推出及调整，我们更加关注学生学科学习的必备品格和关键能力。

例如数学学科的评价，我们最初有口算验收和应用题验收两种方式，在《义务教育数学课程标准》推出实验稿到修订稿的过程中，我们将口算验收调整为运算能力诊断，将应用题验收调整为问题解决诊断。这样的调整更关注学生的思考能力、提取信息能力、综合运用知识解决实际问题能力的提升。比如图 4-7 我们设计的这道运算能力诊断题目，它既关注学生具体的计算技巧，又考查学生对具体算理的理解，以及对不同运算方法及其关联的掌握情况。

五、$\frac{(\ )}{(\ )}+\frac{(\ )}{(\ )}=\frac{13}{18}$，表示两个最简异分母分数相加，和是$\frac{13}{18}$。

1. 写出满足要求的算式（不少于4个）。

$\frac{(\quad)}{(\quad)}+\frac{(\quad)}{(\quad)}=\frac{13}{18}$　　$\frac{(\quad)}{(\quad)}+\frac{(\quad)}{(\quad)}=\frac{13}{18}$

$\frac{(\quad)}{(\quad)}+\frac{(\quad)}{(\quad)}=\frac{13}{18}$　　$\frac{(\quad)}{(\quad)}+\frac{(\quad)}{(\quad)}=\frac{13}{18}$

2. 请你把解决上面问题的方法写出来，与大家分享。

图 4-7　五年级下册运算能力诊断第 5 题

解答这道题目可以有三种思路。

表 4-6　五年级下册运算能力诊断第 5 题解题思路

种类	具体方法	方法举例
第一种	通过加法的意义，即分数单位的累加来解决	将 13 个$\frac{1}{18}$进行分解，还需考虑约分
第二种	通过分数的基本性质来解决	将$\frac{13}{18}$的分子和分母同时扩大和缩小，再通过第一种方法来解决
第三种	通过和与加数之间的逆运算解决，即“和减去一个加数等于另一个加数”	可以先假定一个最简分数，再用$\frac{13}{18}$减去这个最简分数，从而得到另外一个分数

又如在图 4-8 这道问题解决诊断的题目中，我们不仅关注学生解决问题的能力，还关注学生的语言表达能力和交流沟通能力。在这道题目的解题过程中，学生既需要读懂别人的计算思路并正确解答，又需要考虑语言表达的简洁性和交流沟通的语气与方式。

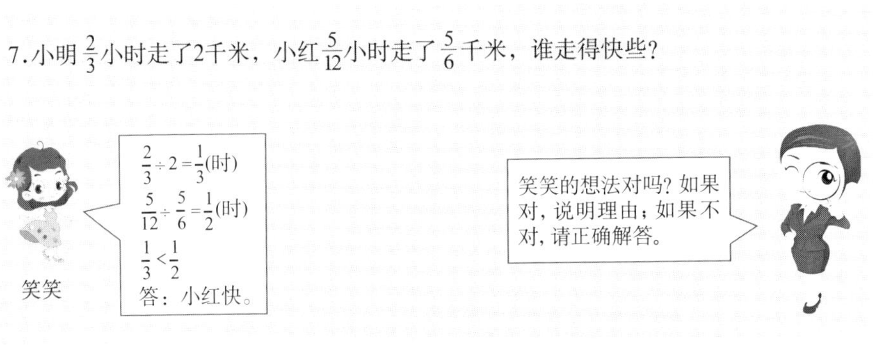

图 4-8　五年级下册问题解决诊断第 7 题

二、表现性评价

表现性评价是指通过学生在真实的生活环境中，运用先前获得的知识解决某个新问题或创造某种新东西的情况，来考查他们对于知识与技能的掌握程度，以及实践、问题解决、交流合作和批判性思考等多种复杂能力的发展状况。

我校课程目标的五种关键能力，除了学科基础知识和基本技能可以在纸笔测试中考查外，其他四种能力在纸笔测试中较难体现，而在表现性评价中却可以很好地考核，由此可见，表现性评价考查的学生素养和能力与学生发展的课程目标高度契合。

我校的表现性评价包含两个方面：常规项目和升级项目，前者就是表现性评价系统里面的“*n*”，后者即“1”（如图 4-6 所示）。

每周二下午开展的项目学习，我们称之为“常规项目”。班组群内不同学科的教师在开学之初就会综合这一学期所学习的相关内容和我校的五种关键能力，进行系统的设计，充分调动学生运用跨学科、跨门类的知识技能，综合使用校内、校外的多种资源来解决问题。

此外，每个学年末，学生都要完成一个项目，我们称之为“升级项目”，比如一年级学生会被安排完成“访问几个高年级的学长，与他们交朋友”“新认识其他班的3位老师”等任务，以考查他们的人际交往能力。另外，六年级学年末的升级项目，我们也称之为“毕业项目”。这些升级项目使教师得以了解学生的发展水平，也是学生学习的“里程碑”。6年时间里大小不一的里程碑式的评价，成为学生不断前行的动力，也成为教师改进教学的方向。

1. 一年级的升级项目

针对低年级学生本身的特点和年级特点，一些学校已经采用了许多不同于传统纸笔测试的期末评价形式，比如我们比较熟知的“乐考”“嘉年华”“闯关”等。而我校在探索低年级表现性评价的升级项目时，主要考虑以下两点。

首先，关注学生的年龄特点，以及所要考查的学期核心知识和核心素养。以数学学科为例，一年级下学期的数学一共有6个单元，其中3个单元是“数的运算”，另外3个单元分别是“观察物体”“生活中的数”“有趣的图形”。那么我们的表现性评价就聚焦学科核心知识的掌握情况，选择100以内数的运算、有趣的图形这两部分内容作为考查点。

其次，牢牢抓住学生的成长规律，形成一种连续的、动态的评价网络。我们以一年级上学期的常规项目和下学期的升级项目为例加以说明。一年级上学期，学生刚刚入校，对学校的方方面面充满了好奇，有交流的热情，需要学习交流的方法、汲取交往的勇气。比如，在一年级上学期的常规项目中，我们以“小小雁”作为主体，设置了“小小雁爱校园”“小小雁探路”“小小雁积木城”“小小雁存粮”“小小雁换奖品”和“小小雁画感悟”6个项目。其中，“小小雁积木城”这个项目需要学生参照活动说明完成项目内容，然后由老师和小组同学进行评价。

活动说明

任务1：4个人从42块积木中选择30块积木，在5分钟内合作完成一个作品（如城堡、花园等）。

任务2：每人选择1块积木并说出它所代表的立体图形的名称和位置。

任务3：用简单的几句话编一个和这个作品有关的故事（展示时4个人均要发言）。

评价量规

大朋友评价量规

评价	倾听	口语交际	大雁积极行为	团队合作	数学学科能力
评价内容	倾听他人 听懂简单的指令	语言完整 有想象 有细节描述	1级音量讨论 3级音量汇报 手脚保持在自己身体上	承担小组任务 主动参与交流	选取积木数量准确 正确认识立体图形 正确使用方位词语
星级	☆☆☆☆☆ ☆☆☆☆ ☆☆☆	☆☆☆☆☆ ☆☆☆☆ ☆☆☆	☆☆☆☆☆ ☆☆☆☆ ☆☆☆	☆☆☆☆☆ ☆☆☆☆ ☆☆☆	☆☆☆☆☆ ☆☆☆☆ ☆☆☆

小朋友评价量规

评价	倾听	参与交流	大雁积极行为
评价内容	倾听他人 听懂简单的指令	语言完整 有细节 有想象	2级音量讨论 3级音量汇报 手脚保持在自己身体上
星级	☆☆☆☆☆ ☆☆☆☆ ☆☆☆	☆☆☆☆☆ ☆☆☆☆ ☆☆☆	☆☆☆☆☆ ☆☆☆☆ ☆☆☆

从3个活动任务中我们可以看出，这是一个模拟现实场景的项目，学生需要按照要求完成3个任务，它们分别聚焦数学学科中数量的确定、立体图形的认识、方位词的使用这3个问题，同时这个项目还考查了语文学科的口语表达能力以及小组合作能力、倾听习惯和大雁积极行为。

而一年级下学期的升级项目，考虑到学生的合作交流能力有所提升，设置的学生合作方式就稍有变化，不同班级的陌生学生组成临时小组，合作完成整个表现性评价任务。比如，一年级下学期的升级项目是在一年级上学期常规项目的基础上进一步完善的，它以“我们一起坐火车”为主题，设置了“对号入座”“同伴交往”“自理达人”“我会点餐”“我会玩儿”和“我会听广播”6个环节。在“我会点餐”这个小项目中，“乘务员阿姨”会告知“乘客”用餐的时间到了，并提供一张菜单（如图4-9所示）。学生需要根据菜单点餐。

活动说明

每个旅客有50元餐费，请旅客们认真阅读菜单，然后点餐，并计算好费用，写在订餐单上。

提示

1. 在右侧“份数”一栏的方框里填写所需要的份数。

2. 每人至少选择3类，总价不超过50元，小组成员的钱尽量用完。

3. 完成任务后请找“乘务员阿姨”画星评价。

评价量规

评价	系统思考	数学学科能力	沟通合作意识
评价内容	点餐有一定合理性 按照要求点餐	能正确计算出所点食物的总价	主动和他人交流 独立思考 能合作完成任务
星级	☆☆☆☆☆ ☆☆☆☆ ☆☆☆	☆☆☆☆☆ ☆☆☆☆ ☆☆☆	☆☆☆☆☆ ☆☆☆☆ ☆☆☆
备注			

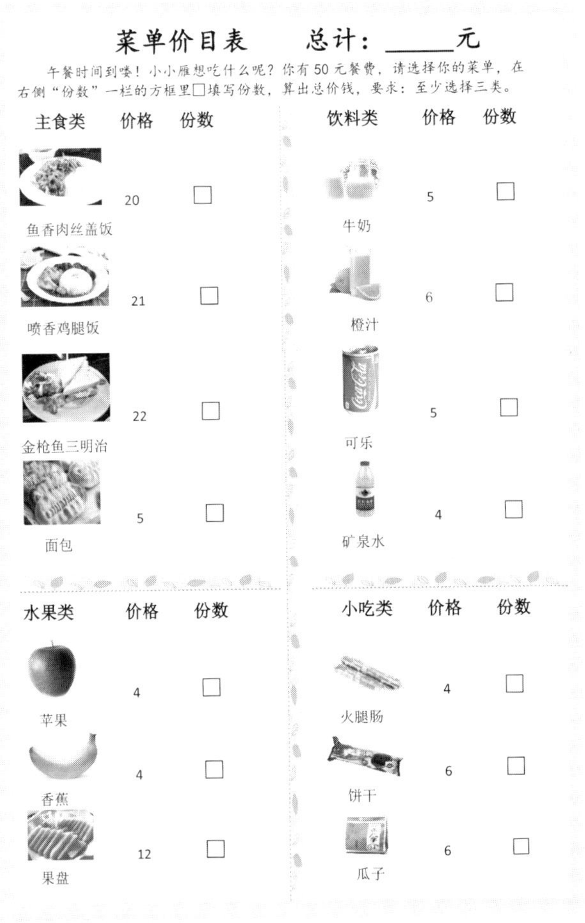

图 4-9　“我会点餐”项目的菜单价目表

与一年级上学期的常规项目相比，一年级下学期的升级项目主要有以下几点变化。

第一，由完成多个主题的项目，转变为完成一个主题下的多个任务。这样改变是希望评价项目更加真实，因为学生在真实的体验中投入的程度会更高。

第二，由同班同学组成 4 人小组，转变为不同班级的陌生同学组成小组。学生需要在短时间内与组内的其他 3 名学生互相认识、交流基本信息，这对学生的沟通、表达、倾听能力是一个挑战，也是交朋友的具体实践。

第三，评价量规更加细致、可参考。由于 4 个小组同时进行，为了使学生评价做到标准基本一致，评价老师会按照量规对每个学生进行逐项评价。

第四，注重积累关键事件。评价量规下面新增一项“备注”，希望评价老师将学生有特点的表现记录下来，这可以为后续研究评价结果提供素材和依据。

学生完成表现性评价后，班主任会统计班级学生的评价手册，记录满星、非满星学生的姓名，以及具体扣分情况。这样，教师在日后的教学中就会关注学生的弱项，加强针对性训练，而在与家长交流的时候也会更加有理有据。

2. 六年级的毕业项目

毕业项目就是综合各种知识和能力的一种综合性的项目学习，也是检验 6 年小学教育的一个“里程碑”。学生通过毕业论文、毕业设计、毕业表现、毕业实践等环节，来回答“在这 6 年中我学到了什么，学得怎么样”的问题。

如图 4-10 所示，学生需从 A 和 B 两类课程领域中，各选一个领域，即构成“1+1”毕业项目。A 类项目的研究成果，可以采用毕业论文或毕业设计的形式呈现；B 类项目的研究成果，可以采用毕业设计或毕业表现 / 实践项目的形式呈现。

毕业论文：包括语言类，数学、科学、科技、工程和信息类，以及历史与社会科学类三大领域。学生任选其中一个领域里的现实问题，用毕业论文的形式，综合展现自己运用知识和技能的能力、提问和调查的能力、认识自己与他人看法的能力，以及与他人进行有效沟通的能力。

我们借鉴高校毕业论文的形式，希望学生能够在毕业时呈现一个调研报告或调查报告，自己提出问题、解决问题、阐述观点，并具体说明如何应用。这旨在培养小学生初步的研究意识和研究能力，为其终身研究性学习打

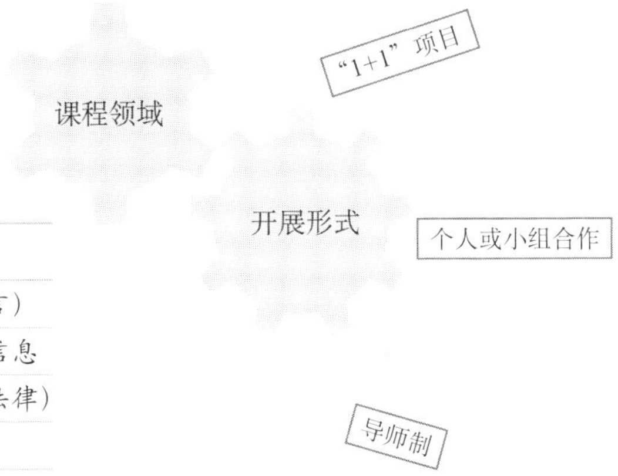

类别	课程领域
A类	语言（语文、英语及其他语言）
	数学、科学、科技、工程、信息
	历史与社会科学（含金融和法律）
B类	视觉艺术
	表演艺术
	积极健康的身体活动方式
	成长体验
C类	社区公益体验

图 4-10　毕业项目整体规划

下基础。论文内容包括题目、关键词、问题的提出、调研过程（资料的搜集和整理、研究方法的选择、研究数据的记录等）、研究结论 / 成果、解决问题的思考与建议。

毕业设计：与毕业论文的作用相似，不同的是，学生需要设计出一个真实生活中的物品，如校区或社区的垃圾桶、教室的窗帘等，并能用文字、图示等多种形式表述其原理、生成过程、作用及效果。

毕业表现：是指展示学生在某一领域的特长，学生可以选择视觉艺术、表演艺术、积极健康的身体活动、成长体验中的一种，在学校提供的毕业会演、赛事、展览，如舞台表演、绘画展、航模飞行、定向越野、微电影等中进行展示。

毕业实践：学生个人或团队在力所能及的范围内，根据学校或社区、社会的现实需求，设计并参与一个有创意的公益项目，以展现自己的团队协作、采取行动、追求创新的能力，以及追求包容、规则、公正的能力。

学生根据上述项目进行自主选择，从组建团队、确定选题，到查找资料、进行真实的调查，再到提出解决问题的决策、创意或方法，要经历选题、设计、分析、实践、答辩等诸多环节。

毕业论文答辩会现场

例如，2016 届毕业生的一个研究小组为了获取公共环保车收垃圾的情况，走访了社区中 5 个废品回收点，结果都碰了壁。最后，他们想出了“打工 30 分钟”的主意，通过帮回收点的工作人员清点瓶子获得了信任，完成了数据调查工作。这一届毕业生还为母校创作了毕业歌《童年时光》和上下课铃声《轻轻》，这两首歌曲从歌词到旋律既带有鲜明的童真、童趣，又带有我校独特的风采，表现出了不一样的艺术感染力。又如，2017 届的几个毕业生聚在一起，发明了“废纸黏合技术”，攻克了创意、画图、论证各环节的难关。面对来自中国科学院和北京理工大学的专家，他们缜密的答辩得到了专家们的高度评价……随着毕业项目的逐步完善，我们学生的研究主题逐渐拓展、丰富，研究深度逐年提升。

毕业实践项目中，学生热心研究现实中的问题

毕业项目立足于真实的学习，调动起学生 6 年来学到的知识和技能，使他们得到了全方位的历练与表现。它也使教师和学生走出了纸笔测试的局限，帮助学生用更多样化的语言解读“自己的优秀”，体现了“大家三

小”课程目标的达成状况，并提供了改进的方向。

第六节 “田间地头”的课程研发

一、“管”出的问题

以“真实的学习”为课程建设实践主线的跨学科、跨年级学习，使课堂氛围和学习方式发生了翻天覆地的变化。我们的课程创新吸引了越来越多的教师参与，教与学的变革也在悄然发生。

开放的课程、开放的课堂、开放的师生，需要的是更多的支持、更多的自主。这给课程管理带来了新的挑战。

原有的管理主要靠任务布置、指令要求、部门规章等手段，具有一定的权威性和强制性，虽然管理的力度大，保证了齐步走，但是缺乏自主性，限制了教师的主动性和积极性，使得课程变革失去了生长活力。

例如，面对项目学习等一系列新的课程，习惯于按照课程部提出的详细要求一环一环落实的老师们是一头雾水、困惑重重。在这样的情况下，教师课程发展的意识让位于赶紧完成任务的心态，活动似乎只是换了个名字而已。活动一结束，任务也就告一段落，与教师平时的教学泾渭分明。

在强大的行政力下，我们无疑可以很快推进一个好的理念或者经验，但是，我们期盼的教师的课程领导力、课程开发意识和“生活即学习”的态度并未生成。而若想让这些期盼变为现实，还要解放教师，激发他们的创造力。

二、生态大课程需要多样的管理方式

如果想建造一艘船，首先要做的不是召集人们去采集木材，也不是向他们分派这样那样的任务，而是要激发他们对大海的热情向往。

所以，我们必须从原来单一传达、统一布控、追求快速提升效果的管理路径中走出，从单一走向多样，从统一走向可选择，从布置工作走向邀请、

协商，从审核与批准走向更多的讨论与商定，从检查评比走向服务和陪伴，给教师更多自主选择的空间，让他们参与决策，充分调动他们主动参与的热情，激发每位教师的领导力，有针对性地帮扶、支持、保护教师在项目实施过程中的教学创意和教学行为，深入一线教师队伍，始终和教师站在一起。

1. 有效引领，陪同实践

当课程变革在一线进展不顺利时，课程管理者发现教师虽然有了变革的愿望，但是面对从来没有经历过的一些问题，缺少必要的资源和路径支持，便产生了畏难情绪，感到无从下手。对此，管理者先是深入反思，然后深入教师一线，走进组群、班级，成为团队一员，和教师一起分析原因，陪同他们一起实践，在了解他们的需求与困难后提供必要的支持和帮助，与他们一起想办法，一起找资源，共同解决问题。

课程管理的思想也逐步从“有效引领”拓展为“陪同实践”，从“管理规范”拓展为“精准推送”，管理者逐步解决每一位教师杂事繁乱的困扰，使其更好地集中精力做专业的事情。管理模式的改变，不仅改变了管理者的思想意识，也激发出教师主动参与和创新工作的热情。

2. 搭设平台，推送资源

在课程变革的同时，很多教师发现变革中存在着资源稀缺、经验和方法储备不足、学生作品不能有效保存等一系列问题。这些问题如得不到很好的解决，课程变革就会失去有效的支撑，难免昙花一现。为此，管理层创造机会多方搭设平台，给予教师多种资源的精准推送。例如，规定每月组织一次校区例会，会上大家可以分享经验，交流困惑，在互动中学习、借鉴、提升。对于成熟的经验、做法，管理部门将其整理打包，形成资源，方便以后调取使用，并联系校外相关部门，为教师提供发表作品的平台，帮助学生精准打磨和孵化自己的学习成果和作品。优秀的资源得以很好地保存，师生获得了成就感。

3. 部门协作，搭建脚手架

在课程变革初期，基于教师对项目学习系统认识不清的情况，我们通过“两个联合”提升效能：一是联合课程部、学生部、教师部、校务部、发展部这五大职能部门共同协作，每周开展多方研讨，制定策略，共同编写《项目研究支持手册》，为项目学习的开展提供及时和必要的抓手；二是联合教研组长和群组长，明确难点、重点，共同协商，制定方案。

4. 打磨论证，激发教师领导力

通常，我们都会与教师针对教学目标、教学资源、教学过程、教学评价等逐一讨论，达到理念和认识上的共识。经过多次、全方位、系统性、精准化的反复论证，我们获得了对课程更为本质、专业、全面的认识，激发了教师课程创新的愿望，点燃了教师的课程领导力，促进了课程品质的提升。

5. 完善反馈，逐步升级服务

为使教学推送服务能够达到认识清晰、服务高效、精准送达、反馈及时的品质，我们定期访谈群组长和一线教师，从课程的开发设计和资源推送、课程实施过程中对出现问题的有效改进，到课程完成后产品资源的有效保存和优秀作品的孵化等各个环节对教师进行追问，并及时收集反馈意见和建议。经过多次研讨和精细打磨，《项目研究支持手册》日益完善，每一个细节都得到了反复推敲，为更好地帮助教师开展课程做好了高效的服务工作。

课程管理的创新，激发教师主动参与到课程变革的专业实践之中，最大限度地为教师的专业成长提供了平台和保证，唤醒了教师参与课程改革的积极性和创造性，丰富了教师的专业知识和技能，提高了教师的反思和研究能力，增强了教师的专业自信，提升了教师的专业水平。

第五章

有问题，有互动：多样综合的学习方式

杜威在《思维与教学》一书中这样说：“在学校里，学生思维训练失败的最大原因，也许在于不能保障像在校外实际生活那样，有可以引起思维的经验和情境。”[①] 真实的学习，就是让孩子在真实的学习情境中，学习解决真实世界问题的方法，在完成真实世界任务的过程中习得知识、获得技能、丰富交往、形成品格。

当我们的教与学回归“真实的学习”状态时，我们的课程观变得开放，教学方式自然也变得多样。因为教师更多地看到了学生，看到了学生的生活。过去，教材是师生的全部世界；今天，整个世界都是教材。教与学成为师生共同合作的一场学习之旅。师生一同出发，一同学习，一同发现，每个人都成为学习的发起者和信息的接受者。

“真实的学习”并不是说我们要推翻原有的教学方式，而是在继承的基础上，让师生的教与学回到真实的生活中去。教师眼里有了学生，有了学生的长远发展后，即便运用传统的课堂讲解方式，教师也能够通过教材内容的重新设计和与学生的充分互动，帮助学生获得学习方法、思维能力，走出一贯的“考什么，讲什么”，甚至是“不考什么，就不讲什么”的狭隘误区。换句话说，学习过程本身就是孩子的生活，真实的学习情境就是孩子所处的

① 杜威. 思维与教学［M］. 孟宪承，俞庆棠，译. 上海：商务印书馆，1936：89.

世界。我们希望通过学科内容的整合以及教与学方式的变革，在保持分科教学的学科深度和系统性的基础上，增加跨学科学习的内容，让学习更加贴近孩子的现实生活，让他们学会用跨学科思维看待一个完整的世界。

丰富、多样、综合的学习方式，使师生离开座椅，走出教室，在广阔的世界和真实的场景中学习。教师也从“保姆”“教员”变为“助学者”。在这个过程中，学生能够体验多种角色，成为跨界高手，知道在哪里能够找到解决问题的资源，而且在与世界互动的时候，能够拥有更加开阔的视野。学生学习知识的过程，就是获得知识和技能，获得动手实践能力以及明辨性思维的过程，也是获得交往、合作、分享、表达能力的重要过程。

第一节　重塑教与学的文化

虽然课程改革不断深入，教师也听了不少讲座，看了不少观摩性的课堂，但回到具体的教学中，仍旧感到困难重重，特别是很少在常态课堂上使用展示课上经常使用的小组合作、探究学习、互动交流等教学形式，因为担心放开了管不住。这样规范化、程式化的课堂教学模式是制约学校整体推进变革的关键一环。要实现教与学质量的提升，就需要营造适合的学习氛围。

我们认为，高品质的学习发生于问题的产生和解决的整个过程之中。在一个师生共同学习的场所中，建立在充分独立思考基础上的互动与对话，可以让学生更加全面地认知问题和自己的见解。因此，我们致力于营造一种民主、平等的学习环境，并在这个过程中发展学生沟通、交流的能力和追求包容、规则、公正的能力。当学生围绕一个问题进行讨论时，会体会到自己与他人想法的异同，学会如何面对不同的想法和观念，同时提出有意义的问题、寻找解决问题的思路，并通过团队协作来实践、完善、创新。“有问题、有互动”的学习文化孕育而生。

学生学习的“问题”主要有三大类：学科发展中的关键性问题、学生所提出的个性问题、真实的角色所带来的现实性问题。我们在全面关注学科发展中求真、求实的关键性问题的基础上，充分尊重学生提出的各种各样的个性化问题，以及真实社会中具有现实意义的问题。“互动”也主要有三大类：学科知识间的深度互动、不同角色间的现实互动、生活中的社会化互动。

其实，“有问题”“有互动”二者在现实的教育情境之中并不是相互独立的，而是相互渗透的。

第二节　学习的学习

“要好好学习”“要认真听讲”“要按时完成作业”“要积极发言”……这几乎是老师给学生念的次数最多的“经”。我们曾一厢情愿地认为，只要不停地念这些“经”，孩子就能学好，就会学了。事实上，这样简单机械的教导方式对孩子的学习来说是远远不够的，实践告诉我们：学习也是需要学习的。

然而，我们很少看到关于学习方法、同伴交往、团队合作以及情绪表达等方面的指导。而在今天更为开放的学习情境中，学习方法、思考策略方面的具体指导，对于帮助学生学会独立思考、小组合作、团队探究具有更为重要的作用。

用自己的语言解释这个任务；制订一个解决问题的计划；把任务想清楚，完成你的研究；将你的发现表达清楚；检查你的结果是不是合理，是不是清楚。

以上这些步骤，就是我们对于如何思考、如何设计一项学习任务方面所做的具体指导。这些具体的支持性策略，使学习更有章法可循。

每个人都要倾听，不贬损别人；每个人都提出自己的问题；每个人都不要停留在（卡在）一件事上；每个人都能被关注、被需要；每个人在交谈时都要有眼神接触；当别人帮助你时要表示感谢；跟大家一起笑，而不是大家笑一个人；没有人感到不舒服。

上面这些要求，是我们对如何合作所做的具体指导，为学生的与人相处提供了切实可行的标准。

事实上，我们并没有安排学习这些技能的专门课程，每一个学习活动都会承载这样的学习任务，学习过程本身就带有习得这些技能的目标。

我们倡导真实的学习，就是强调知行合一，强调学用一致。学是为了用，用也是发起学的驱动力。对于这样的学习过程来说，无论是跨学科的学习还是单一学科的学习，学习的内容都不只限于教材，而是来自现实世界；无论是项目学习还是课本学习，无论是教师讲授还是学生自主完成，抑或是团队探究，学习的“附加值”都能实现最大化。

学习操作，有条理地使用工具、学具；学习合作，友好地对待同伴，主动在团队中担任具体任务；学习思考，可以用操作、模拟、解释、打比方等多种方式表达自己的困难和观点；学习倾听，了解他人与自己的不同，而不是只顾自己发言。

以上这些，是我们对学生学习过程所做的具体指导。习得了这些技能，学生的学习过程将变得更加饱满。当师生有了共同的、明确的目标时，良好的学习习惯才能够渗透进学习过程中的每一个细节，经过天长日久的积累，转化为学生可贵的积极学习行为。这样，楼道内、教室里、班组群等学习空间中张贴的各式各样的作品和指导性的语言就不再只是摆设，也不再只是说给学生的要求，而是师生在教与学的过程中长期积攒、共同创造的具体行为指导。

第三节　学科的新风景

基于学校“有问题、有互动”的学习文化和不同学科的特点，我们的学科建设也进行着新的探索，路径不同，但是目标一致。

一、问题引领下的数学学习

美国数学家保罗·哈尔莫斯说过："问题是数学的心脏。"那么如何基于这一学科特色，选择与设计符合学生需要、指向学生综合素养提升的教与学的方式呢？我们进行了以问题引领学习的实践探索，让学生经历发现问题、提出问题、分析问题和解决问题的全过程。

以问题引领学习，是指在一定的情境下，让学生根据自己的生活经验和知识基础提出一系列问题，运用适当的教学策略顺应学生提出的问题，使其成为学习的主要线索，成为引领学生学习的动力。在这个过程中，学生真正成为学习的主体，进行更为真实的思考，逐渐培养自己的创新精神，而不是沿着教师精心设计的一个又一个问题去进行指向性明确的被动思考。

例如，针对四年级下册"密铺"一课的学习，教师设计了以问题为线索的学习过程。

从图5-1所示的教学流程图中我们可以看出，在初始上课时，学生便针对"密铺"这一课题提问：什么是密铺？什么图形可以密铺？什么图形不可以密铺？密铺有什么用？是谁发明的密铺？根据这些问题，教师梳理了这节课的学

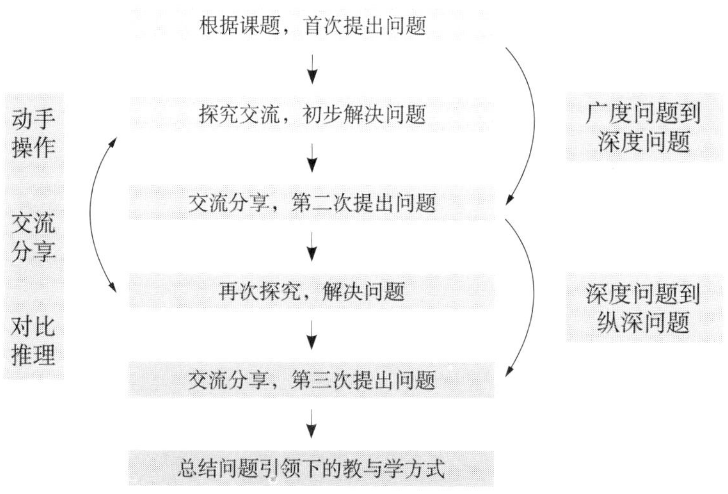

图5-1 "密铺"教学流程示意图

习路径。在学生动手操作、交流分享、对比推理的过程中，新的研究问题会不断涌现，将学习引向更深刻的场域；而在对这些新问题不断探究的过程中，还会继续产生新的问题。这样，问题不断迭代，也形成了学生学习的清晰线索。

当然，还有教师进行了问题引领下的单元探索，下面以五年级下册“长方体”这一单元的探索为例来说明。

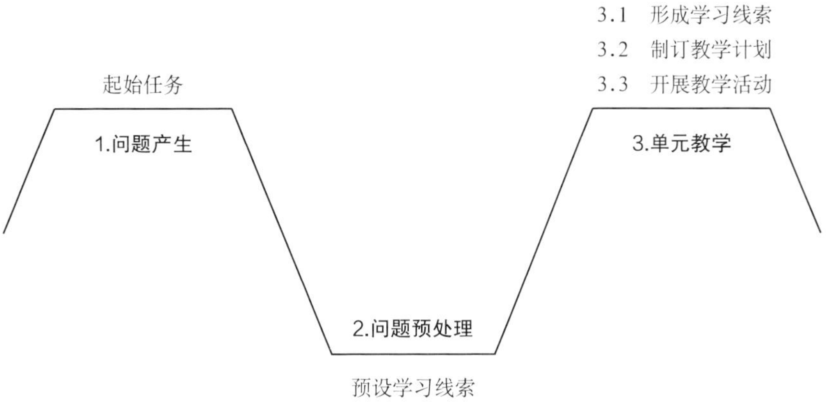

图 5-2 “长方体”单元设计流程示意图

如图 5-2 所示，我们将学习的过程分为问题产生、问题预处理和单元教学三个主要环节。

问题产生环节主要采用以下方式。根据主题提问：“关于长方体，你打算研究哪些问题？”观察生活时提问：“寻找生活中最常见的 4 种立方体，并提出你的研究问题。”“寻找家里面的盒子当中最常见的立体图形，提出你感兴趣的问题。”动手制作后提问：“请你制作一个长方体，并提出你想研究的问题。”

学生提出的问题让我们感受到了以问题引领学习的可能性与价值。

1. 立体图形与平面图形有什么不同？

2. 什么是表面积？是立体图形一面的面积吗？

3. 立体图形有哪几类?

4. 立体图形是怎样形成的?

5. 为什么在平面上正方形不稳，在空间上变成正方体后却稳了呢?

6. 是不是所有能立在桌子上的图形都是立体图形，不论它是规则的还是不规则的?

7. 不同的立体图形之间有什么关系? 它们的体积公式为什么是这样的? 这些体积公式的意义是什么?

8. 为什么盒子大都是方形的?

9. 哪些形状的盒子更美观、更实用?

10. 为什么正方体的盒子不多?

11. 为什么有些盒子是半长方体半圆柱体的? 这样设计有什么好处?

12. 既然三角形最稳定，为什么三角体的盒子不多?

13. 怎么画立体图形?

14. 相同体积的正方体和长方体，哪个表面积大?

15. 如何求不规则的立体图形的体积和表面积?

…………

然后，我们对学生提出的众多问题进行预处理，统整教材预设与学生问题之间的关系，形成基于教材与学生真实问题的学习线索（如图 5-3 所示）。

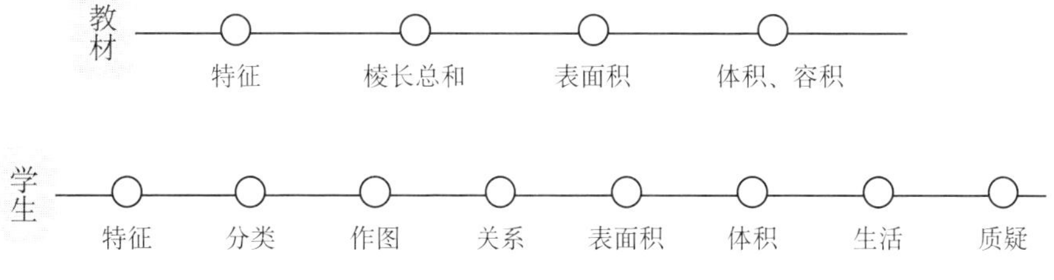

图 5-3 “长方体”单元教材线索与学生问题线索统整示意图

问题引领下的单元教学是根据学生提出的真实的、有意义的、具有挑战性的问题进行教学并不断调整的过程，它不只是教授单一学科的内容，还可能与其他学科有机融合在一起。这样的教学方式，跳出了单纯传授知识与技能的局限，从学生的整体发展、未来发展入手，更有利于发展学生的五种关键能力。

二、项目引领下的科学单元学习

经过一段时间对科学学科教学的探索，我们发现：教材的许多单元中都有“制造产品”这个小节，但多是在学完计划好的课程后作为知识的应用与实践而设计的。这个“产品”与本单元中其他小节的知识有所关联，但联系不那么紧密，且多以模型为主，与生活中人们所说的“产品”有较大差距。

基于上述思考，我们围绕“真实的学习”这一课程价值追求，立足新的《科学课程标准》，力求通过项目学习的方式推进单元教学，在真实的任务、情境中运用科学和技术设计课程，解决实际问题，最终制造出产品。

目前，我校对科学教材中的某些单元进行项目的再开发，为学生设计了项目引领下的教与学方式。已经开发的成熟案例如表 5-1 所示。

表 5-1　项目引领下的科学单元学习相关内容

年级	对应单元	项目名称
三	材料	吹泡泡工具
	植物	植物介绍牌
	动物的生命周期	动物的生命周期绘本
四	天气	天气日历
	溶解	泡泡水
	电	制作无影灯
	食物中的营养	营养总动员
五	光	太阳能热水器
	生物与环境	生态瓶
	沉与浮	造一艘小船
	热	制作保温杯

续表

年级	对应单元	项目名称
六	形状与结构	搭高塔
	环境和我们	污水处理
	环境和我们	垃圾处理

在以项目学习推进科学的单元教学过程中，我们在具体的实施阶段总结了以下一些注意事项。

1. 以真实的问题为驱动

学生在生活中总会遇到一些关于电学、力学、动物、植物等的实际问题，科学老师就与学生一起在真实的学习场景中，梳理出解决这些问题需要用到的科学知识，并将科学教材中的知识融入其中，形成一个个学习项目。比如，航模社团的学生常常需要在台灯下拼插航模，可是台灯形成的影子会阻挡视线，影响航模的拼装，于是大家萌生了消除影子的想法，“制作无影灯”这个项目就这样应运而生了。在真实的问题驱动下，需要解决的问题既是学习的起点，又可以组织学习活动和激发学习兴趣。

2. 单元知识的重构

在有意义的真实问题的驱动下，教师先对照教材进行梳理，将与驱动性问题相对应的实践性单元知识重新排序、整合、删减，再对照《科学课程标准》，将一个单元中的某个或某部分知识重构成为一个或多个项目中所要用到的科学知识。比如，在“制作无影灯”这个项目中，教师对四年级下册“电”这一单元的教材知识进行了梳理，在项目启动后，根据学生所设计的项目流程图调整了本单元的学习结构（如图 5-4 所示）。

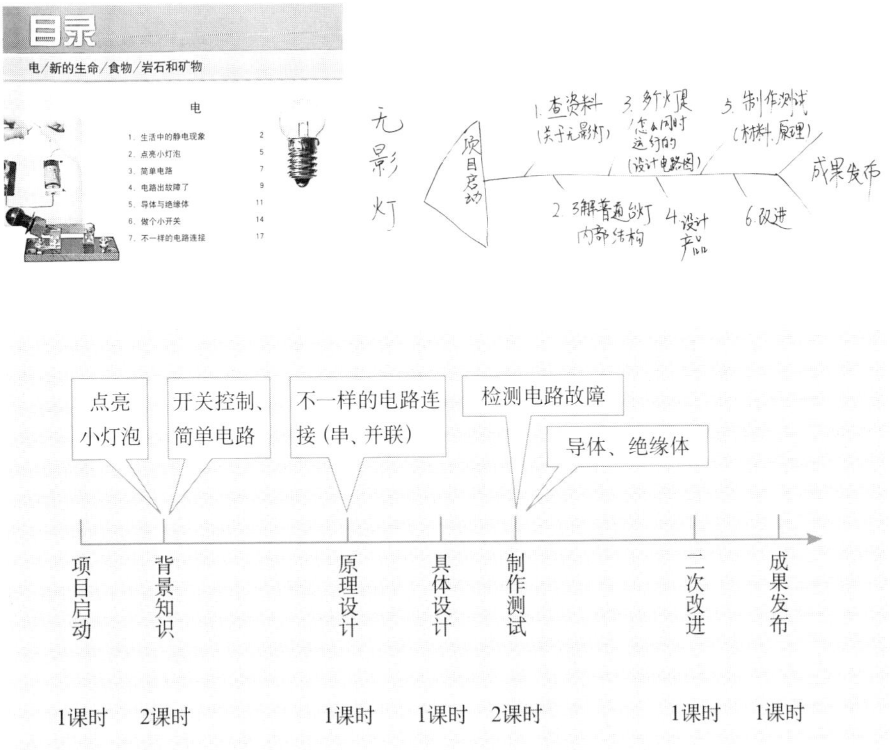

图 5-4　“制作无影灯”项目单元整合示意图

3. 多学科整合

基于“真实的学习”的课程追求，科学学科的项目属于夯实国家课程和地方课程、保持和发挥学科优势的基础层。但作为一个项目本身，其实施过程中涉及的知识仍具有一定的复杂性。所以，我们以科学这一学科为主，根据项目自身的需求，综合跨学科、跨门类的知识和技能解决问题。

比如，在“制作保温杯”的项目中，我们以五年级下册教材“热”这一单元为主要知识点，将数学的测量、美术的绘图等知识整合起来，并以此制定学习目标和评价量规。

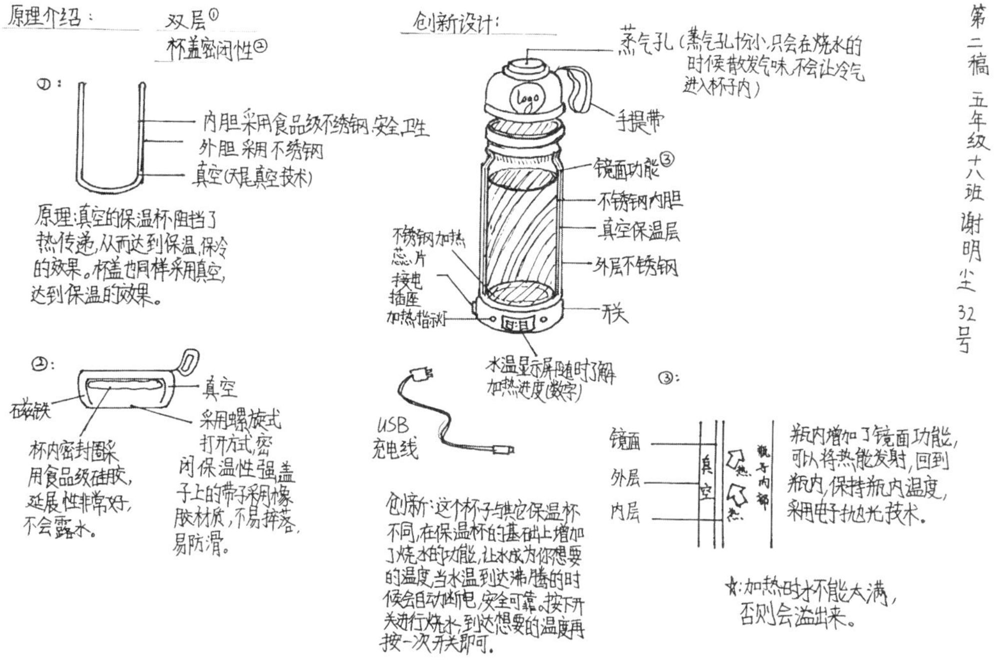

图 5-5 “制作保温杯”项目中学生的设计图

4. 多元的评价方式

在过程性和反思性学习的过程中，教师使用了多种评价方式、多种角度，加强了学生的自我评价；同时运用信息技术，为有效评价、即时评价和分类指导提供技术支持，提高课堂教学评价的有效性。例如，在一个项目中，我们不仅设计了根据课程标准制定的分层分类的知识评价，还设计了围绕知识反馈、团队合作等进行的生生评价，以及作品展示的终结性评价，等等。

表 5-2 “制作无影灯”项目分层评价量规

	标准类别	标准细则	学业等级		
			达标	良好	优秀
教学目标	科学概念	了解串联电路和并联电路是两种用不同连接方法组成的电路	√		
		区别串联电路和并联电路连接方法的不同		√	
		发现生活中的串联电路和并联电路			√
	科学实践	尝试用不同的方法连接电路	√		
		尝试用不同的方法连接电路，并在反复观察和实验中发现不同连接方式的特点		√	
		在制作无影灯的具体情境中，能选择合适的电路连接方法并加以运用			√
	科学态度	可以与他人合作	√		
		乐于与他人合作		√	
		主动与他人合作交流，拥有较强的组织能力			√
		可以接受挑战，能做出简单的推断	√		
		乐于接受挑战，拥有缜密的推断		√	
		主动接受挑战，拥有缜密的推断，并能符合推理逻辑，流畅表达			√

三、项目引领下的语文单元学习

语文学科项目学习内容的产生依托于教材中的单元主题，教师通过合作探讨，征求学生意见，在充分考虑学生兴趣和知识背景的基础上，最终确定项目学习的若干问题和内容。项目学习变点状教学为整合教学，教师在引导学生尝试解决真实问题的过程中，对个体体验与语文学习进行联结，从而建构真正属于学生自己的新的知识和技能。

语文项目学习将单元课程延展到真实的情境与体验之中，使得学习能够基于真实的问题或真实的任务，产生有现实意义的成果。教师鼓励学生关注社会生活和自然环境，查阅、收集、筛选相关资料，把丰富的社会资源引入课堂学习；鼓励学生走出校园，去各种专业场馆或野外开展探究和实地考察；鼓励学生走进社区、社会，去亲身体验更多的人、事与知识、技能之间的关联，实现语文学习的社会化。

语文项目学习充分体现了自主探究这一教与学的方式，一个项目通常会持续三天以上。当学生遇到问题时，教师不是直接提供答案，而是为学生搭建解决问题的平台，提供学习的脚手架，鼓励学生通过自身努力、团队协作、寻求帮助等解决问题、完成项目。

以六年级上册第五单元“初识鲁迅”为例，这一单元一共安排了四篇课文，第一篇课文《少年闰土》是鲁迅自己的作品，其他三篇《我的伯父鲁迅先生》《一面》《有的人》是不同的人从不同角度写鲁迅的文章，这样就使得鲁迅这一人物形象更加真实、丰满、生动。《少年闰土》的选编目的是让学生感受鲁迅先生作为一位伟大的文学家的成就；周晔的《我的伯父鲁迅先生》通过自己的真情回忆，展现了鲁迅的音容笑貌，读来历历在目；阿累的《一面》，通过传神的对话和外貌描写，于字里行间倾注着作者对鲁迅先生的爱戴之情。三篇文章之后，教材安排了臧克家的诗歌《有的人》。四篇课文都是引导学生潜心研读、感受人物形象的极好范本。

在文本的教学价值与学生的学习需求初步碰撞后，教师的头脑中慢慢浮现出一些零散的项目任务，如交流自己心目中的鲁迅、研究与理解含义深刻的句子、积累与运用鲁迅先生的名言警句、讲述鲁迅某一个时期的典型故事，最终整合为“印象 · 鲁迅”的项目学习。

这个项目依托了本单元以鲁迅为中心的主题，以“作为鲁迅博物馆的讲解员，你如何召开一场名为‘印象 · 鲁迅’的宣传活动，让更多的同伴了解鲁迅、走近鲁迅”为驱动性问题，赋予了学生真实的角色和身份，为学生创设了一个真实的学习情境，从初识鲁迅、走近鲁迅、印象鲁迅三个主线任务出发，辐射若干支线任务，不仅为学生全面了解鲁迅提供了脚手架，也提高了学生的学习主动性（如图 5-6 所示）。

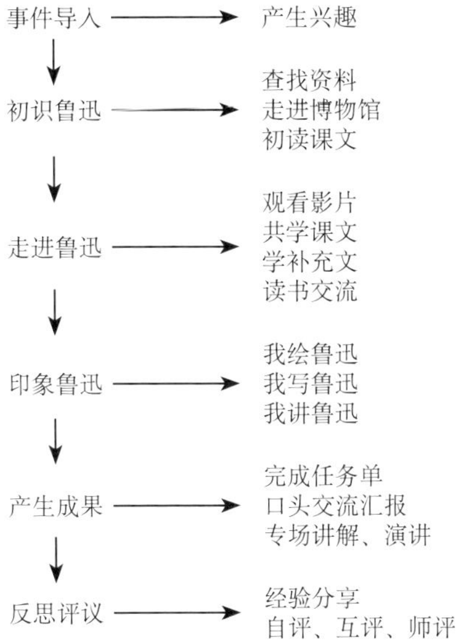

图 5-6　“印象·鲁迅”项目设计示意图

在项目学习过程中，评价量规是连接学习与评价之间的一座桥梁，它不仅可以提供“看得见”的评价标准，更重要的是可以引导学习者向既定的学习目标努力。为了使评价量规的科学有效性得到充分的保证，教师在设计评价量规时，既要符合项目任务的现实要求，使其具有针对性，又要考虑到学生能力的不同，区分出层次。

表 5-3　“印象·鲁迅”项目评价量规

评价指标	评价细则	评价等级		
		A	B	C
驻足精彩 深有同感	观点明确，语言通顺			
	能够用准确的语言写出自己的感受			
	能够结合课文或资料描述人物形象			
	可以挖掘到文学作品的价值			
	能够得到小组同伴的认可			
多才多艺 用武之地	能够结合文字找到人物特点，画出心目中的鲁迅形象			
	能够创作诗歌描绘鲁迅、凸显鲁迅的特点			
	自选形式展示我心目中的鲁迅形象（写作除外）			
	演讲时自然、亲切、真诚，和观众有眼神交流，有互动			

整个学习过程，融入了学习者的个人体验和探寻事物意义的活动，学生在这个过程中不断调整自己的知识结构和学习体验，建构新的知识体系和认知能力，完成有深度、有意义的学习。

语文学科以项目学习推进单元学习的探索之路还在继续，不同年级不断尝试用项目学习推进单元学习的深入和创新。三年级的“秋天到了，一起来玩吧”“游壮丽山河、品传统文化”“保护环境，争当环保小卫士”“太阳系中，猜猜我是谁”，四年级的“小动物嘉年华”“金牌小导游”，五年级的“我为书代言”“遨游汉字王国”“小脚丫看世界”，六年级的“印象·鲁迅”“走进动物王国”等项目学习，很好地内化了语文知识，使学生获得了创新能力、解决问题能力、批判性思维能力、合作学习能力和终身学习能力的全面发展。

不同学科的不同探索，跳出了课时的限制，形成了单元学习线索或跨学科学习线索；跳出了教材的限制，形成了以真实的世界为背景的学习素材；跳出了单一的目标诉求，形成了核心素养校本化的五种关键能力的目标体系；跳出了单一的教师讲授的教与学方式，形成了小组合作、独立思考、教师讲授、动手操作等融合起来的多元、立体的教与学的方式。

我们将教学内容、真实世界、学生、目标等各种要素统整于教与学的过程之中，体现了“真实的学习”的价值追求。“真实的学习”滋养了不同学科的教与学；不同学科的教与学则丰富着“真实的学习”的内涵与外延。

第四节　年级与学科的多样组合

“真实的学习”特别强调尊重社会的真实情境，尊重学生的认知规律，尊重学生与社会发展的真实需要，因此，“真实的学习”需要打破学科与学科、年级与年级泾渭分明的分割现状，实现不同年级与不同学科的彼此互动和多种组合，而班组群的空间结构为这一可能提供了必要的空间支持。从学科、年级的混合维度划分，主要有以下三种教与学的方式：同学科跨龄、同龄跨学科和跨龄跨学科。如上一章所述，这也是我们“三层六类”课程体系中拓展层的主要形式。拓展层的学习内容，或具有学科间的纵向联系，或具有学科间的横向联系，同时还能与现实生活建立密切联系。拓展层课程通过跨学科或跨年龄的学习与交往，培养学生的沟通能力，使学生在真实的交流与碰撞中获得相关的学科知识和技能。

一、同学科跨龄

同学科跨龄是指单一学科的教师组织不同年龄的学生共同开展学习。一个班组群中的同学科教师带领 2—3 个班级的学生，围绕该学科的核心概念、知识或技能，根据学生的发展特点设置不同的阶段目标，形成适合跨龄学习模式的课程。如在数学学科中，“统计图”是一个跨越四、五、六年级的核心知识概念，班组群的数学教师可以带领不同年级的学生针对同样的真实情境问题，开展调查与研究，使学生分别在认识不同统计图、绘制不同统计图、依据统计图分析并解决问题等不同层次，实现相应的发展。

进行同学科跨龄教学，教师需要把握不同阶段学生的特征，关注整个学科知识体系的纵向连接，寻找合适的切入点，设置学习的内容或主题，清晰地把握阶段目标，分层分类地设置同一学习内容或主题下的不同学习目标。

相同年级的儿童认知发展程度不同，不同年级的儿童更是如此。混龄学习使处于不同认知发展水平的学生获得了多元互动的机会，促使他们相互挑战，形成认知冲突。学习力较强的低年级学生可以发现更高的学习目标；学习力较弱的高年级学生则有了回顾和巩固较低学习目标的可能，甚至可能成为学生导师。通过找到合适的学习伙伴，向他人进行知识的二次传授和阐述，学生得以加深对于知识本质的理解与内化。同时，高年级学生能够把低年级学生难以理解的问题，用儿童更容易理解的语言讲解明白，让低年级的学生易于接受。

大小孩子共同学习

这种方式改变了过去的课堂学习思路，不单纯追求课课清、日日清，而是迭代地解决问题。知识学习本身就应该是一个螺旋式上升的过程，尤其是对于核心概念的理解，往往需要时间的累积和认知的发展，在这种不同年龄学生共同学习的过程中，学习的螺旋式上升会自然发生。以认识说明书这种非连续性文本为例，四、五、六年级可以共读一个阅读材料，此时，四年级学生可能只需要找到文本中使用了哪些说明方法就可以；五年级学生不仅需要知道这些说明方法，还需要运用它们进行文本创作；六年级学生则需要在此基础上，对说明方法进行灵活运用，即不仅知道怎么用，还知道何时何处该用何种方法，并能够对这些说明方法进行纵向的理解和联系。

二、同龄跨学科

在班组群中，一个班级的不同学科的教师组织的共同学习，我们称之为同龄跨学科学习。这里的跨学科，不仅有六大学科门类内部的跨越，更有不同学科门类之间的跨越。真实的学习注重顺应儿童的思维方式，而儿童往往习惯于整体地看待世界。当我们以现实世界的问题或情境为学习资源与内容时，跨学科的知识关联自然就会产生。

课程不仅是传授人文知识或科学知识的载体，也是学生获得生活意义和人生经验的途径。我们开展跨学科的学习，在一定程度上是从儿童认识世界和获取知识的自然过程出发去建构学习的，而非仅仅从学科的逻辑出发去进行传授。打破原有的学科框架，使学习内容之间建立紧密联系，也让学生了解不同学科之间的关系，有助于他们在综合地解决问题中进行知识的学习与迁移。例如，在四年级的科学学科中儿童会学到物体的沉浮，这个知识点与数学中体积的认识密切相关，因此，科学与数学产生了联系。通常来说，科学问题中往往包含数学知识的理解与应用，对此，班组群中的科学老师与数学老师有目的地进行设计和整合，跨学科的教与学就可能发生。

在跨学科的学习中，学生将他们学到的学科知识和技能与课堂之外的现实生活联系起来，从而了解学科规律；教师在课堂上的角色，从讲台上的"圣人"向教室一侧的指导者转变，帮助学生自己探索学习任务。这种探索基于教师的设计，具有较强的结构性和引导性。在不同学科的教师引导下，学生通过同一主题、场景、问题开展学习，综合运用学科的基础知识和技能。例如，当校园迎来美好的春天时，我们可以借助不同的方式抒情或感怀，而语文与美术的相遇，则是基于这一现实的生动背景和学科的核心知识与技能。

从这个维度进行课程的设计与实施，在一定程度上改变了小学阶段课程设计过于强调学科本位、科目过多和缺乏整合的现状，体现了课程设计的均衡性、综合性和选择性。

三、跨龄跨学科

跨龄跨学科是指不同学科的教师组织班组群的三个不同年级的班级共同开展的学习。显然，跨龄跨学科的课程内容有以上两种组织形式的特点与优势，既有学科内部的纵向联系，又有跨学科的横向联系，同时，不同年级的学生面对共同的主题或内容开展相应的学习活动，使课堂教学中常常被忽视的跨龄互动的特殊意涵得以发挥其应有的积极作用。目前，我们 90 分钟的组群大课有不同的设计与实施形式，以表 5-4 至 5-7 所展示的大课设计为例。

表 5-4 “长征组歌”大课设计表

<table>
<tr><th>五17+五18</th><th>六10</th><th>时间分配</th></tr>
<tr><td>学科：语文
课题：七律·长征
教师：杨霞、刘亚静</td><td>学科：语文
课题：轻叩诗歌的大门
教师：张学红</td><td>30 分钟</td></tr>
<tr><td colspan="2">学科：音乐 课题：长征组歌 教师：王咏梅</td><td rowspan="2">30 分钟</td></tr>
<tr><td colspan="2">1. 五年级对毛泽东诗词进行小组合作拓展学习
2. 六年级进入五年级的小组，对五年级同学进行学习指导，观察学习状态及热情，完成任务单</td></tr>
<tr><td>五年级同学以不同形式再次感受（歌舞剧、配乐诗朗诵）</td><td>诗歌创作</td><td rowspan="2">30 分钟</td></tr>
<tr><td colspan="2">共同分享、交流、点评</td></tr>
</table>

表 5-5 “光与影体会科学精神”大课设计表

<table>
<tr><th>三4</th><th>五10</th><th>六11</th><th>时间分配</th></tr>
<tr><td>学科：语文
课题：绘本阅读
教师：杨新颖</td><td>学科：科学＋数学
课题：光与影
教师：付强、吴媚</td><td>学科：英语
课题：科学家的故事
教师：郑燕竺</td><td>60 分钟</td></tr>
<tr><td colspan="3">学科：科学＋语文＋英语
课题：从光与影中体会科学精神
教师：付强、郑燕竺、杨新颖</td><td>30 分钟</td></tr>
</table>

表 5-6 “毛毛虫协作活动报道”大课设计表

<table>
<tr><th>四4</th><th>五7+六1</th><th>时间分配</th></tr>
<tr><td>学科：语文
课题：口语交际
教师：王津</td><td>学科：体育
课题：毛毛虫协作练习
教师：赵海军</td><td>30 分钟</td></tr>
<tr><td>学科：英语
课题：阅读课
教师：富艳华</td><td>学科：语文
课题：一次活动报道的写作
教师：袁英、刘爱民</td><td>30 分钟</td></tr>
<tr><td colspan="2">学科：语文
课题：报道美文鉴赏
教师：王津、袁英、刘爱民</td><td>30 分钟</td></tr>
</table>

表 5-7 “动物研究院”大课设计表

三5+四2	五2	时间分配
学科：科学 课题：动物研究院 1 教师：孙文虹	学科：科学 课题：动物研究院 2 教师：王莹	30 分钟
学科：语文 课题：动物研究院 1 教师：李卓琳、程美英	学科：语文 课题：动物研究院 2 教师：杜鹃	30 分钟
学科：科学 + 语文 课题：动物研究院 教师：李卓琳、程美英、杜鹃		30 分钟

拓展层课程能够在一定程度上解放教师的教育力，让教师更好地进行创造性课程的设计与实施，也可以在一定程度上释放学生的学习力，促进学生深度学习的发生。

拓展层课程的设计可以运用逆向的设计思路。如，首先思考：在这个学科或这几个学科的学习中，学生需要获得哪些核心能力？这些核心能力有哪些纵向或横向的联系？运用这些核心能力能做什么？学生是否能将所学知识应用到现实的、真实的情境或问题中？然后从这些真实的情境或问题出发，设计需要学生探究的活动，并将其变成拓展层课程的内容或资源。

同时，注重开展表现性的评价，即学习的过程也是评价的过程。通过评价量规等工具进行观察与评价，不仅能够让教师了解学生在学习目标知识与技能中的优势与不足，掌握自己的教对学生的学产生的影响，明确需要教授或重新教授哪些知识或技能。同时，学生也能在这个过程中不断反思，通过自评与同伴间的互评，以及班组群特有的跨龄榜样，了解自己的学习发生在什么地方，还需要朝着哪个方向去努力。

班组群教师团队的合作与交流，是拓展层课程设计与实施的关键。在班组群的生态环境中，交流无处不在，同学科或不同学科的教师通过交流与沟通，设计不同层次的课程内容；学生与教师和不同年龄的伙伴通过交流与沟通，更好地进行学习与反思。班组群温馨积极的“家庭”环境，让教育的合作与交流自然地发生。

在跨龄跨学科学习方面，仅 2016—2017 学年我们就积累了丰富的案例，如表 5-8 所示。

表 5-8　拓展层跨龄跨学科的课程案例

案例名称	学科	协作形式
中医与音乐疗法	音乐、中医、品社	跨龄跨学科
毛毛虫大赛	语文、体育	跨龄跨学科
端午节的由来	品社、语文	跨龄跨学科
环保节水倡议书	语文、数学、科学	跨龄跨学科
研究达·芬奇	语文、英语	跨龄跨学科
长方体和正方体画法	数学、美术	跨龄跨学科
乐活房地产开发	数学、语文	跨龄跨学科
有趣的汉字	语文、美术	跨龄跨学科
节日	英语、语文	跨龄跨学科
走进京剧	音乐、美术	跨龄跨学科
异域风情	英语、音乐、语文	跨龄跨学科
最美的遇见	音乐、数学	跨龄跨学科
动物的奥秘	语文、科学	跨龄跨学科
厉害了我的导师	语文、美术	跨龄跨学科
打把游戏	数学、体育	跨龄跨学科
滴水实验	数学、语文	跨龄跨学科
课本剧之历史剧——表演及礼仪	语文、品社	跨龄跨学科
和我们一起走世界	语文、数学、音乐	跨龄跨学科
潜望镜	数学、科学	跨龄跨学科
神奇的光	语文、科学	跨龄跨学科

第五节　当儿童对话课程

学习过程本身就是学生生活的重要部分，真实的学习情境就是学生的世界，与他们将来走向的世界保持着最大的一致性。基于这样的认识，我们非常注重课程建设与儿童生活的对话，在对话过程中，为儿童的学习创造与将来要走向的世界保持最大一致性的学习情境。无论是分科学习，还是跨学科的学习，无论是同龄学习，还是混龄学习，我们都在努力促进课程建设与儿童生活的有效对话。

项目学习和实践活动是我校“三层六类”课程体系中的开放层课程，主要是跨龄的、多学科融合的探究性学习。这类学习主张以有意义的真实问题或任务为核心，运用跨学科、跨门类的综合知识与技能解决问题。在这类课程的实施中，我们关注学生掌握学科基础知识和基本技能的能力，追求包容、规则、公正的能力，交流、沟通的能力，团队协作、创新的能力，践行积极行为的能力五个关键能力的发展。

开放层的课程更加注重以下几点：（1）以真实、有意义的问题或任务的解决为导向和学习脉络；（2）强调各班组群根据自己的特色和需求确定项目主题；（3）跨龄的孩子组成团队，打造大量学生自主探索的空间；（4）跨学科教师合作教研，提供必要的导师、专家指导；（5）激发学生的创造力、求知欲，使课程成果与实际生活、生产紧密贴合；（6）组织更灵活多变的学习空间和时间。

一、项目学习

1. 主题选择

（1）和学生真实的社会生活紧密相关的；（2）和学校生活紧密相关的；（3）和社会中重要问题紧密相关的。

项目学习中的孩子们

2. 教师和学生的角色

学生组成跨年龄的研究小组，是项目学习的主体力量；教师提供学业和行为上的指导、资源（包括空间、物资以及专业人士）的支持、成果分享的组织与评价等。

3. 时间安排

项目学习的基本时间是每周二下午 90 分钟，各个班组群还可以根据自己项目学习的进展情况和需要，灵活调整时间安排。

4. 学习资源

在项目学习过程中，我们鼓励各班组群教师团队和学生团队自主寻求更多学习资源的支持。这类资源可以是校内的，也可以是校外的；可以是物质的，也可以是文化的；可以是家长方面的，也可以是专家方面的。鼓励教师和学生根据项目学习的需要积极与家庭和社会机构合作，从而为学习提供更广阔的平台。在各种资源的获取和使用过程中，我们强调根据项目学习的需要进行整合，使这些资源真正服务于学生，服务于项目学习。

5. 教研

班组群内各个学科的教师组成团队，在每个学期的期末设计下学期的学习项目，并在下学期实施；班组群内的教师也可以从我们的项目库中选择，然后根据自己班组群的特色和需求进行再设计。在项目学习过程中，班组群内的教师还会在每周项目学习结束后进行反思与调整，从而保证下次项目学习的实效性。

6. 评价量规

评价量规淡化了学科属性，更加强调核心素养目标的实现。对学科知识和技能的评价也更加灵活，它不再指向一个单元、一个章节的完成情况，而是服从于整个项目的完成情况，是综合性的，更加强调团队协作、创新能力和追求包容、规则、公正能力等关键能力的发展。

7. 重点内容

从发现问题、探寻问题解决方案，到初步设计、制作、调整、分享，再到汇报、评价，学生要经历从问题提出到问题解决的全过程。

首先，关注项目学习的主题，这是项目学习开展的重要前提。

其次，关注脚手架的设计。教师在项目学习过程中指导、引领作用的发挥，是可以通过设计科学、有效的工具来实现的。例如，在项目学习开始之前，我们强调引导学生梳理自己已知和未知的东西，在这个过程中寻找自己的生长点；在项目学习进行过程中，我们也会通过各种工具保证项目学习目标的实现。

表 5-9　已知和未知梳理表

需要达到的目标	已经知道的	需要知道的

表 5-10　问题解决记录表

遇到的问题		
问题解决过程	问题解决的方式	问题解决的结果
问题解决的经验		

通过这样的工具支持，我们也可以看出，教师在项目学习过程中更加关注学生核心素养的实现，更加关注学生的创造力和自主解决问题的能力。

最后，关注项目管理，因为它是保证项目学习效果的重要条件。在项目学习过程中，引导学生明确展开学习研究的方法和步骤，例如，在这个行动中我能做什么、团队成员能做什么、哪些是优先级的、哪些是次要级的、怎样做能够保证项目顺利完成等。

在项目学习方面，仅 2016—2017 学年，我们就积累了丰富的学习案例，如下表所示。

表 5-11　开放层中的项目学习案例

项目案例	学科	协作形式
认识我们的学校	语文、体育	跨龄跨学科
设计学校参观路线图	数学、美术	跨龄跨学科
新校园的行走路线	数学、美术	跨龄跨学科
参观校园体育场馆路线设计	美术、体育	跨龄跨学科
研究家居和门锁	科学、数学	跨龄跨学科

续表

项目案例	学科	协作形式
研究桌椅	科学、数学	跨龄跨学科
为新校区设计窗帘	科学、美术、数学	跨龄跨学科
昆虫谷	科学、信息技术	跨龄跨学科
认识新校区种植园	科学、语文	跨龄跨学科
环保节能从校园垃圾开始	语文、科学、美术、品社	跨龄跨学科
垃圾项目	品社、语文	跨龄跨学科
垃圾工程	品社、语文	跨龄跨学科
认识新校区	体育、语文、科学	跨龄跨学科
为新校区建筑材料代言	语文、科学、信息技术	跨龄跨学科
鸡蛋撞地球	科学、数学、语文	跨龄跨学科
种子去哪儿	科学、信息技术	跨龄跨学科
校园环保提示牌设计	语文、科学、美术	跨龄跨学科
饲养小动物	科学、美术、语文	跨龄跨学科
我的服装我做主	语文、美术	跨龄跨学科
大家去哪儿	语文、数学	跨龄跨学科
神奇的“纸”	科学、数学、语文	跨龄跨学科
走近名人，与名人心灵对话	语文、美术	跨龄跨学科
益智游戏	数学、科学	跨龄跨学科
动力小车	科学、数学、信息技术	跨龄跨学科
小小园艺师	科学、美术、语文	跨龄跨学科
球鞋客	科学、美术	跨龄跨学科
废品再利用——创造隐形森林	科学、美术、语文	跨龄跨学科
神奇的土壤	科学、信息技术	跨龄跨学科
雾霾的背后	科学、语文、信息技术	跨龄跨学科
走进皮影戏	音乐、美术、品社	跨龄跨学科
设计属于自己的健身计划	语文、科学、品社	跨龄跨学科
学会保护自己	语文、品社	跨龄跨学科
走进电影	语文、音乐	跨龄跨学科
做健康阳光的小雏雁	语文、品社	跨龄跨学科
剧本	语文、音乐、美术	跨龄跨学科
舌尖上的三小	语文、品社	跨龄跨学科
名著·舞台·艺术	语文、音乐、美术	跨龄跨学科

续表

项目案例	学科	协作形式
植物名片	科学、语文	跨龄跨学科
名人故居	语文、品社	跨龄跨学科
我为名画代言	语文、美术	跨龄跨学科
探索大自然中的小奥秘	科学、信息技术	跨龄跨学科
安全项目学习	语文、品社	跨龄跨学科
扫一扫，带你走进我的家	语文、品社	跨龄跨学科
图书馆的设计	科学、美术、数学、信息技术	跨龄跨学科
大空间小养生	信息技术、品社	跨龄跨学科
中国传统文化	语文、美术、品社	跨龄跨学科

二、学科实践活动

实践活动是指从我校的课程价值追求——真实的学习出发，利用中小学生社会大课堂实践基地、高校、科研院所、博物馆、科技馆、展览馆、纪念馆、企业、社会团体等社会资源形成的学习形式。

1. 目标定位

是国家课程的延伸，我们主张学生的学习发生在其足迹所至。在这个过程中，我们希望能够发展学生的兴趣、拓宽学生的视野，在积极行为能力、问题解决能力等关键能力方面促进学生的发展。

2. 主题选择

立足于周围的社会资源，发展学校教育共同体，共同致力于学生核心素养的培育，活动主题包括科技、名胜古迹、农业等方方面面的内容。要求每个班组群在小学的不同阶段必须选择不同的主题。

3. 时间

每学期 5 次，共计 15 学时。各个班组群或者校中校可以根据自己的特色和需要自主设计与实施。

4. 角色定位

学生是自主学习的主体；教师和专家合作研发导研单，导研单是学生自主学习的重要素材；专家不但和教师合作研发导研单，还在学生参观场馆的过程中，作为专业导师对学生进行专业指导。

5. 实施形式

导研单是非常重要的一种实施形式。借助专业机构场馆、人员等优势，我们和社会专业机构合作研发的导研单尽可能依托教材，同时力求实现国家课程的延伸。导研单的主线是体验性、探究性较强的活动。例如，我们为学生到中科院心理研究所进行实践活动设计了相应的导研单，其主题是“你了解你自己吗”。在这份导研单中，我们首先安排学生学习中科院心理研究所的背景资料并参观场馆，寻找学生感兴趣的问题；其次，引导学生描述“我眼中的我”，让学生对自己有一个全面的反思；再次，为学生安排有针对性的心理讲座；最后，对学生进行个性化的心理测量，使学生发现自己的优势，从而成长为更好的“我”。

“大课程观”的课程建设哲学底蕴，“真实的学习”的课程建设实践主线，以及“受欢迎、有能力、有担当”的育人目标与五种关键能力，成为三小教师创新教学方式、学生选择学习方式的出发点，也成为教与学方式设计与选择的最终归宿。基于此，我们在学科内部、跨学科、综合性学习的实践中进行了多维、多层次的探索，而这些实践探索，也很好地滋养了课程的整体发展，撬动了教师对教与学、师与生、学习与生活等多重关系的重新认识与思考。更重要的是，我们看到了“真实的学习”正影响着教与学方式的不断丰富与重构，听到了“大家三小”的育人目标与五种关键能力在学生发展过程中拔节生长的声响，嗅到了未来的社会发展对学校教育、学生发展提出的新要求落实在学校的气息。

第六章 行有规、行同矩、心自由：学生积极行为的养成与支持

如何在多样、开放、自由、无边界的学习空间中让每一个学习者都得到激励与尊重？我们需要建立怎样的一种学生行为规则支持系统，以保障这样的学习更加真实、深刻？

为了回答这些问题，我们致力于构建学生积极行为养成与支持系统，使其成为连接家长、教师、学生的可见平台，将具有可视化的标识镶嵌到学业系统中，使其成为真实学习的重要组成部分，并形成有力的育人共同体。我们努力在真实学习的环境中创造一个行有规、行同矩，适合学生成长和发展的教育生态环境，始终贯彻稳定且一致的行为养成原则，助力学生成为一个受欢迎、有能力、有担当的人，最终实现心自由的目标。

第一节　积极行为养成的现实挑战

一、规则“乱花渐欲迷人眼”

在当下的教育教学中，为了便于管理学生，促使学生养成良好的行为习惯，学校通常会制定各种各样的规则、约定、制度。在这些规则的制定中，有一个现象一直缺少我们必要的关注，那就是教育规则的“对冲现象”。

“对冲现象”，是指一个学生在学习与生活中要面对各种各样的规则，这些规则自身存在诸多矛盾，价值不统一，对同样的一件事情会提出各种不同的要求。如学校会制定一系列学生行为规则，班主任会结合本班情况制定班级公约，任课老师为了提高课堂效率也会提出某个学科的课堂行为要求。在家庭教育中，家长为了帮孩子养成良好的行为习惯，还会和孩子商定家庭行为规范。

我们常说“行有规”，现在规则有了，而且有“乱花渐欲迷人眼”之势。让儿童感到迷惑的不仅是数量繁多的规则，还有五花八门的制定标准。我们希望儿童可以在重重标准中无缝切换，能够按照这些标准完美表现。可现实情况却是，面对如此繁多且不统一的标准，学生常常无所适从，弄不清楚应该依据哪个标准做事。

我们也常常遇到这样的场景：学生面对老师的批评教育，嘀咕道：“上一次张老师说……”“我妈妈说这样做可以。”家长在家中常常听到“我老师说……”的对抗。孩子们会用不同的面孔和方式应对不同的规则，以追求他们的适应感和安全感，这样，教育力量就会产生无形的内耗。教育是需要合力的，我们需要与学生一起学习和践行积极行为，需要从不一样的教育理解和认识中，寻找到一些可以共同遵守的基本价值作为践行积极行为的基石，并制定出统一的、与社会的要求相一致的、符合学生身心发展规律的规则，帮助学生习得终其一生都受益的规则意识。

二、成人的要求≠儿童的规则

“不打架、不骂人”“不吵闹、课堂上不乱搭话”……我们希望学生能够按照这些要求去做，但是他们经常会发出这样的疑问：“我碰他一下算不算打架？如果遇到矛盾，我该怎么处理？”“为什么不让搭话？我有很重要的话要讲，我对这个问题有兴趣。”我们要求孩子不要做什么，而孩子却有他们理解这个世界的一套逻辑。

细细研读这些规则时，我们就会发现，我们对儿童提出的各种要求，更多的是站在成人的视角对儿童做出的硬性规定，不是儿童可以亲近的行为约定，即学生需要遵守的很多规则基本上是成人化的表达，缺少儿童立场、儿童视角和儿童哲学。

因而我们在制定学生行为规则时，较少用儿童理解的方式表达，而且充斥着“不允许”“不可以”等词语，这些词语对儿童来说显得烦琐、缺少温度，像是用无形的铁链束缚住他们的双脚。即使行为规则是合理的、正确的，但由于少了亲近感，在执行时一些儿童必然会产生抗拒、对立的心态，因此，就不要期待他们能够内化于心、外化于行了。有时这样的硬性规定和生硬表达非但不能促使儿童养成良好的行为习惯，还可能导致他们心口不一，最终与我们的设计初衷背道而驰。这就要求我们要从儿童立场出发，将尊重与了解作为制定规则的前提，用他们一看就能明白且可操作、易实践的语言表达出来。在这一过程中，还要帮助儿童认识到遵守规则的根本目的是良好秩序的形成。

三、忽视儿童的未来性

学校或家庭都会制定各种行为规则，可规范孩子行为的根本目的是什么？很多时候，我们认为其目的就是让孩子养成良好的行为习惯，这也成了大多数人的一个基本判断。客观来讲，这样的定位是正确的，但是其背后存在着一个成人世界的基本逻辑——我们需要通过让学生遵守各种行为规则来实现更好的管理，而不是考虑如何通过行为规则更好地促进学生面向未来的学习。因此，我们会有意无意地在各种规章的制定与执行中强调权威性和对学生的约束，较少考虑这些规则对于学生的权利表达与面向未来的学习和发展会产生的正向而长久的影响。

未来，当创新能力、合作能力、批判精神、创业精神、信息甄别能力等成为学生必需的核心素养时，儿童感兴趣的、以问题和任务驱动的项目学习必然会成为常态。因为这样的学习更加松散、开放、自由，更能凸显学生的独立思考与自主性，那些强调整齐划一的课堂纪律就失去了存在的土壤。这就需要我们用更具有针对性的行为规则既保障学生的独立、自由，又掌控好学习场域的秩序，这是我们面临的新要求，也是学校教育的重要命题。

四、缺少趣味性

我们发现，现实中学生需要遵守的很多行为规则只是一条一条标语。醒目的宣传栏上写着密密麻麻的一行行、一列列行为规则；教室的墙上也张贴着各种各样的班级公约。虽然学生每天都能看到这些标语，但是它们如僵化的知识，毫无趣味性和吸引力，时间长了，换来的只能是学生的漠然。

行为规则去知识化，是我们需要迈出的一大步。我们要将那些简单易懂的儿童语言和生趣盎然的图画做成可视化标识，在不同的区域张贴，再加上蕴含特定意义的简单手势，使学生乐于晓其意、遵其道，从而将规则真正内化于心、外化于行。

面对学生行为规则领域的多样化挑战，建立适合未来学校与面向未来学习的行为支持系统，成为一个重要命题。

2014 年初，我们启动了“学生大雁积极行为养成与支持”项目，建立起养成与支持学生积极行为的体系，形成统一的语言符号、标识符号，制定统一的积极行为规则，在整个教育共同体范围内践行“大雁积极行为”。

第二节　积极行为的五大基石

2014 年 1 月初，在威斯康星大学终身教授梁国立博士的积极协助下，美国威斯康星州简斯维尔学区特殊教育主管芭芭拉 · 凯利（Barbara Kelly）博士和斯泰西 · 彼得（Stacey M. Petter）老师参加了我校积极行为养成与支持系统的研讨会并做了指导。在为期一周的研讨会上，我们经过不断讨论与探究，在《学校发展纲要》的指导下，立足我校的实际情况，制定了积极行为养成与支持系统的大致框架，包括基本信念、价值基石、与“雁阵精神”相契合的大雁积极行为等。

在深度讨论的过程中，我们得到了梁国立教授的真诚指导，也得到了远道而来的国际友人为大家三小所提供的宝贵建议和有效帮助。

三小学生积极行为养成与支持系统遵循“安全、尊重、责任、规程、合作”五大基石，融入大家三小的“雁阵精神”，由学校、教师、学生、家庭、社区组成的教育共同体共同努力，在真实的学习环境中创造一个行有规、行同矩，适合学生面向未来成长和发展的教育生态环境，从而真正达到心自由的境界。

一、理论依据与创新思考

积极行为支持（Positive Behavior Support）起源于20世纪80年代末90年代初的美国，是一种对个体行为进行干预的系统化方法。它通过教育的手段发展个体的积极行为，用系统改变的方法调整环境，达到预防和减少个体问题行为、改变个体生活方式的目的，最终实现提高个体生活质量的目标。该项目最初实施是为了提高管理特殊儿童行为的效果，后来研究人员发现，当学校整个环境都支持积极行为时，特殊儿童会做得更好，因而将其扩展到全体学生。在过去的20多年间，积极行为支持迅速发展起来。1997年，美国教育部和特殊教育项目办公室成立了积极行为干预和支持国家技术中心，积极行为干预和支持被纳入《障碍者教育法案》。2000年，霍纳（Horner）和休凯（Sugai）明确指出，学校范围的积极行为支持是一种营造学校、社会文化，为全体学生提供行为支持，使学校具有安全而有效的教学环境的系统化方法。近10年来，它已逐步形成系统化预防和干预的问题解决模式。近年来，学校层面的积极行为干预和支持发展迅速，截至2016年6月，美国已经有21559所学校采用了学校层面的学生积极行为支持方法。

目前，积极行为支持已成为美国学校教育一个重要的有机组成部分。学校中应用的积极行为支持遵循了以预防理念为先导的、面向全体学生、三级水平系统化预防和干预的问题解决模式。在三级水平的干预连续体中，随着学生问题行为程度的加深，行为支持的程度和复杂性也相应增加。这一模式反映了根据干预对象不同程度的行为，提供不同水平上系统化地解决问题的思路。其中，一级干预可对学校中约 80%—90% 的学生产生作用，二级干预可对学校中约 5%—15% 的学生产生作用，而三级干预则会对学校中约 1%—5% 的学生发挥作用。通过研究，我们认为美国一些学校的积极行为支持系统对我国学生的行为养成与支持具有一定的借鉴意义。

在中国，学生积极行为支持的实践还处于起步阶段，国内学校也鲜有尝试，多集中在针对某种具体的问题行为的分析和研究上，全校范围的积极行为支持在未来还有较大的发展空间，因此我们在制定学生行为规则的过程中融入了我们对积极行为支持的思考与实践。

二、我们遵循的基本信念

1. 每个孩子都是平等的。

2. 每个孩子的行为都是学来的，他们需要有学习的机会、可能和空间。

3. 我们可以有效地教所有的儿童文明适宜的行为。

4. 学校教育共同体中的每一个组成部分及其专业合作都是必要的。

5. 基于科学，对行为、行为链及其生态进行调查、分析和干预。

6. 明确一定行为的规程，做好规程十分重要。

7. 只针对某一个或某些行为，而不针对任何独立个体（对事不对人原则）。

我们将民主、平等、尊重作为最基本的教育价值，相信每一个孩子都是平等的，并从心底去尊重每一个孩子；我们要平等地对待每一个孩子，为每一个孩子提供尽可能多的机会和可能；我们眼中要有不同的独立的孩子，并且满足特殊学生的个性化需求，因为我们相信能够满足不同需要的教育才是真正平等的教育，这是三小的教育价值目标，也是我们制定学生积极行为规则的价值基础和前提，即期待每一个人都能够遵守共同的积极行为约定，都能更公平地享受学习与生活的更多可能。

我们相信孩子的行为都是学来的，每一个孩子良好的行为方式都是可以通过提供适宜的资源、空间和机会而有效习得的。学校有责任和义务协调教育共同体各方形成合力，通过积极行为系统切实帮助每一个孩子习得文明适宜的行为规范，养成良好的行为习惯。

积极行为的养成与支持是一个基于事实和科学数据的系统，需要学校教育共同体中的关联方共同努力。通过对学生行为、行为链条和影响因素等的调查分析，制定出积极行为系统具体的支持和干预规程，对整体或者不同个体的行为进行科学诊断和支持干预，从而有效地促进学生良好行为习惯的养成和个性化成长，切实帮助学生成为一个受欢迎、有能力、有担当的人。

三、学生积极行为的价值基石

1. 安全

为学生创造一个安全有序的学习和生活环境是制定学生积极行为规则时首先需要考虑的，即规则的第一要义是保障每一个人的安全。我们希望儿童对自我和他人生命价值的认识和尊重，能够使他们确立“安全第一、生命至上”的意识，从而积极遵守各种情境下的安全行为准则和操作规范，对可能给自己和他人带来危险的行为有所警觉。

2. 尊重

面向未来的学习与教育，更加强调学习的多样性和对不同个体的尊重，让每一个人成就更好的独特的自己。学生积极行为规则的制定是为了营造尊重人的学习、生活环境，我们希望在这种尊重的氛围下，学生对自己、他人、任务、物品、环境、公共空间等产生积极的认知和行为反应，在尊重别人的同时赢得他人的尊重，并形成互相尊重的积极行为生态。

3. 责任

我们希望教育共同体中每一个人对自己的教育责任和义务都能有清晰的认知。要想维护良好的学习、生活环境，保证高质量的学习生活，每个人都需要承担自己的责任和义务，通过实践积极行为，做好自己的事情，并积极承担自己在家庭和社会中的相应责任。

4. 规程

规程是我们做事情需要遵守的最基本流程，包括规则的商定、制定与遵守等环节。同时我们还注意在这一流程下营造有规可依、有矩可循的氛围，促使学生养成遵守规则、依规办事的好习惯。

5. 合作

在安全、尊重的氛围下，我们追求的更高目标是让学生学会合作、善于合作。为了实现这一目标，学校教育共同体的各关联方需要密切协商与配合，共同创造和维护学生的行为支持系统，为学生养成正确的行为习惯提供环境保障。

安全、尊重、责任、规程与合作五大基石，是我们制定学生积极行为规则所遵循的价值目标，是积极行为养成与支持系统架构、实施的价值基础，更是我们规范学生和教育共同体中每一位成员的行为的具体要求。我们希望通过这五大基石，在教育共同体的协同努力下，构建一个动态的、积极的行为系统，营造一个安全的、互相尊重的、敢于担当的、善于合作的学习氛围和教育生态。

第三节　积极行为养成，从这里出发

一、学生积极行为养成与支持系统的基本内容

1. 七个基本行为规范

积极行为养成与支持系统根据安全、尊重、责任、规程、合作五大基石，制定了教育共同体中所有人在任何场合、任何时间都应遵守的基本行为规范。

① 手和脚保持在自己身体上。

② 一级一级上下台阶。

③ 不同场合、情境下，使用不同音量等级。

④ 减少制造垃圾，不乱扔垃圾。

⑤ 遵从指令活动，用过的东西放回原处。

⑥ 室内、楼内自然行走，不奔跑，靠右行走，先出后进，礼让有序。

⑦ 使用合适的语言和语气与人交流，请求帮助时说“请”，获得帮助时说“谢谢”，认为可能冒犯或者已冒犯他人空间时说“对不起”。

我们还可以对儿童的行为做出更多的规定，但对于小学生来说，这七个行为规范是他们必须遵守的，是适用于学校、家庭或任何公共场所的，是人一生发展所需要的最基本的行为约定。比如，每个人心里都有一个安全距离，不愿意别人轻易触碰，第一个规范就是引导我们尊重每一个人的个人空间，在没经过别人允许的情况下不要随意触碰他人以及他人的物品。又如，第六个规范是在公共场所需要遵守的最基本的行为规范。再如，第七个规范是不论何时何地与他人交流时都应懂得的最基本的文明礼仪。一个人如果能始终遵守这七个基本行为规范，并用一生来践行，我们相信，在任何一个地方他都会是一个有素养的人。

2. 不同空间的积极行为约定

为满足学校不同空间的功能性需要，为学生的学习提供最大的支持与保障，我们结合积极行为的五大基石、学校的物理空间，以及学生在学校的主要活动，整理出在不同空间里学生应培养的积极行为，并在每个学期各有侧重地进行培养。

①入校积极行为。

②楼道积极行为。

③楼梯积极行为。

④午餐管理积极行为。

⑤卫生间积极行为。

⑥操场积极行为。

⑦集会积极行为。

⑧阅读空间积极行为。

⑨放学积极行为。

…………

这些积极行为约定与专属区域的功能直接相关。在这些空间积极行为的制定过程中，我们的学生充分参与，站在他们自己的角度理解与思考，在观察、研究，并对空间的功能性、独特性有了清楚、深刻的认识的基础上，提出了很多方案，学校结合学生的研究与提出的具体方案，最终形成了师生都认可的不同空间的积极行为约定。我们相信，经历了这个参与过程，学生才能够真心接纳并积极遵守这些约定，积极行为也才能发挥出它应有的力量。

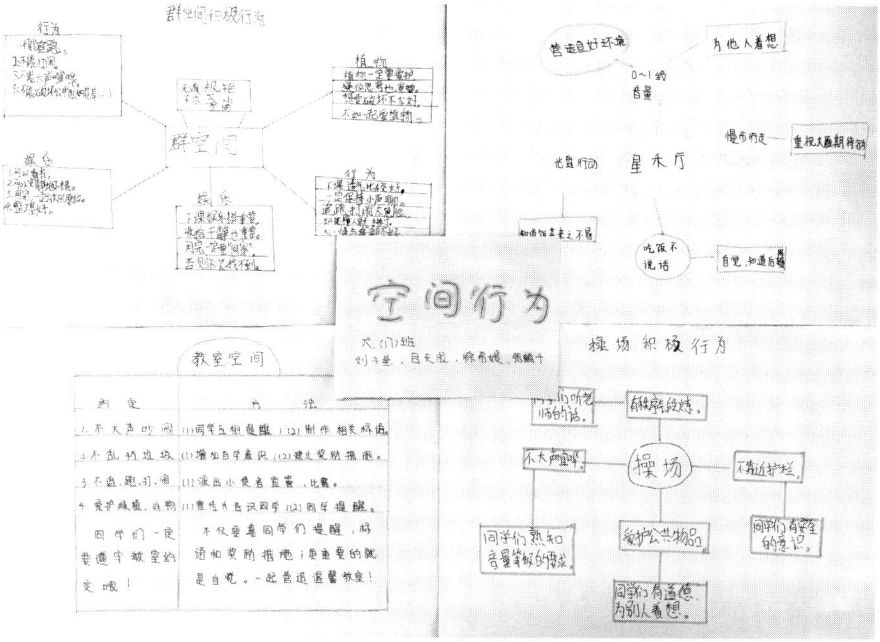

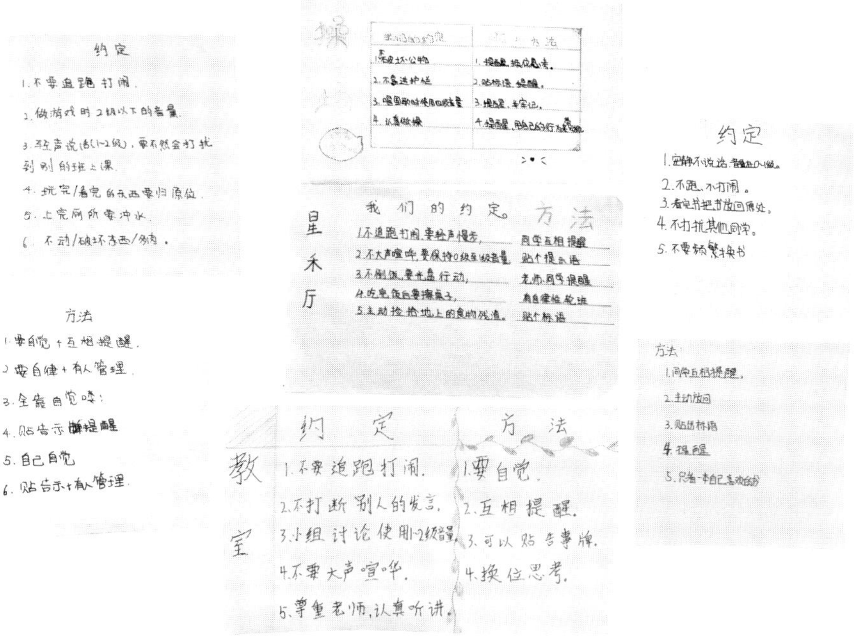

学生对不同空间积极行为的约定

3. 声音等级的积极行为约定

在所有的积极行为约定中，我们特别强调不同场合的声音等级。我们相信，在不同的场合能否用恰当的音量来表达，是一个人是否受欢迎的最基本也是最重要的原因。我们根据不同的空间与场合的具体要求，规定了不同的音量等级：课堂倾听、图书馆阅读使用 0 级音量；两个人轻声交流使用 1 级音量；小组讨论、课间活动及休息使用 2 级音量；课堂发言使用 3 级音量；操场上唱国歌、加油喝彩使用 4 级音量。

为了让声音等级成为所有学生都可见、易懂的积极行为约定，我们通过一套统一的手势和标识来落实具体的音量等级要求。有了这样的积极行为约定，大家的公共学习生活便有了统一的话语体系，它对教育共同体中每一位成员的要求都是一致的，便于大家养成一致的、良好的、积极的行为习惯。

二、学生积极行为养成与支持系统的具体实施渠道

1. 学生积极行为的课程化实施

每个孩子的行为都是学来的，都需要学习的机会、可能和空间，我们可以有效地培养所有儿童文明适宜的行为，这是我们遵循的基本信念。

基于这样的信念，我们希望将积极行为的具体约定转化为生动有趣的课程，让更多学生深刻领会每一项约定的内涵，了解制定这些行为约定的意义，明确将其付诸实践的路径，从而提高每个学生落实积极行为的有效性。

根据学校落实积极行为的真实情况，经过人文学科老师的共同研讨，我们研发了具有针对性的积极行为课程，如“大雁积极行为——音量等级的行为规范”和“创造更舒适的学校空间——空间积极行为养成”等。在一段时间内，全校老师通过课程的渠道，结合自己的学科内容，将积极行为的约定渗透进学习的过程之中，与学生一起进一步认识它的意义、丰富它的内涵。

2. 编制《积极行为养成与支持》手册

为了形成教育共同体各关联方的合力，使其能够全面了解学生的积极行为约定，我们探索并实践了半年多，在积极行为系统已较为成熟时，与不同学科的教师代表和家长代表充分研讨并合力编写了《积极行为养成与支持》手册。手册以学生喜闻乐见的卡通图片配文字的形式生动地展示了学校的行为规范，不仅明确了七大基本行为规范、不同空间的行为要求、声音等级的行为约定，还传递了三小积极行为养成与支持系统的理念、信念与基石等价值内涵。手册后还附有一封写给家长的信，以及记录学生在学校和家中的行为表现的观察表，呼吁家长与教师一起来推广、落实积极行为。

《积极行为养成与支持》手册由学生、教师、家长人手一册，它寄寓着我们对教育共同体各关联方身体力行、共同遵守，营造一个养成与支持积极行为的良好教育生态环境的衷心期待。

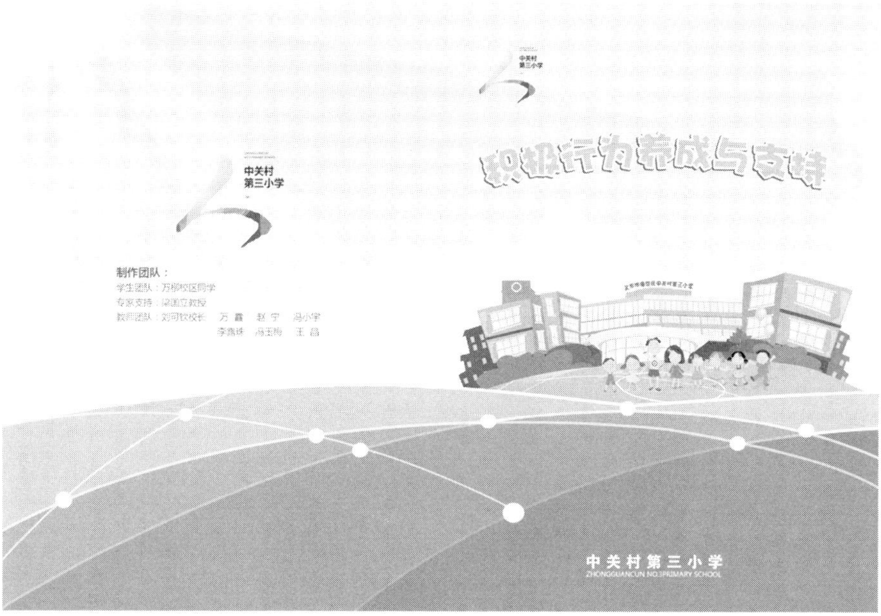

《积极行为养成与支持》手册

3. 行走课程中的大雁积极行为

一个学生的积极行为不仅仅体现在学校的学习中，还体现在家庭乃至社会生活中。古人强调“慎独”，是说一个人在独处的时候仍能谨慎不苟，才算做到了真正的修养身心。培养这种不靠他人监督、自觉规范自我行为、提高个人修养的品行，是一种挑战，也是积极行为要实现的教育目标。因此，我们努力创造让孩子们走进生活、走向社会的机会，让学生在真实的社会情境中养成积极行为。

每年我们都会组织乐团或科技社团到世界各地交流比赛。安排学生到世界各地旅行，既是孩子们面向社会践行大雁积极行为的好时机，也是面向世界展现我们文明形象的好机会，每一个三小学子都是一张靓丽的名片。为此我们编制了积极行为即时性课程，它是每一个代表三小奔赴国外学习交流的团队和成员出行前强调、行程中落实、行程结束后反思的必修课程。

每次出行前，学生部老师都会就交流学习的整个行程对学生进行积极行为的宣讲。对于孩子们来说，整个活动实际上就是一门真实的积极行为实践课程。身处不同的公共场合，怎样遵守声音等级约定，做到礼让有序？集体活动时，怎样按积极行为的要求去做？遇到困难或紧急情况时如何应对？面对异彩纷呈的异国文化，如何树立良好的中国形象？这些都是需要学生直面的真实问题。集体出行，孩子们有时难免“得意忘形”，这个时候老师就会亮出 0 级音量的手势，摆出积极行为的规范，将那些不合适的行为消灭在萌芽阶段。小伙伴也会发挥榜样、监督作用，时刻互相提醒，将积极行为落实在一言一行之中。所以，我们常常能够看到这样的景象：小书包在墙角一侧整整齐齐地排成一排；演出前的预备时间里，孩子们手捧书本，安静有序地耐心等待；集体参观时，孩子们不推不挤，秩序井然地听从导游的指挥……这些正是积极行为在每个孩子心中生根、发芽的表现，它源于孩子们发自内心的认同和自觉。

每次行程结束时，带队老师都会与孩子们一起对整个行程进行总结、反思。哪些地方做得非常好，值得肯定、继续发扬？哪些地方稍有不足，需要下次修正？这样的总结、反思是全体师生再一次学习的过程。“牢记中国身份，践行大雁积极行为，累积三小信用”是我们每一个人要铭记在心，并用行动积极实践的话语。

4. 我是积极行为小小宣传员

因为我们积极追求在教育共同体中努力形成共同的教育约定和话语体系，所以学生不仅要习得大雁积极行为，还要化身为积极行为的宣传员，将积极行为带到社区、社会中，树立积极行为好榜样，通过宣讲让更多的人了解、认可并遵守积极行为约定，发挥积极行为的辐射作用。

利用假期时间，我们请学生做小小宣传员，将大雁积极行为带到社会上去宣传。学生有的走进颐和园，有的走进游乐园，在宣传中不断提升自己。在宣讲的反馈中，我们惊喜地发现，孩子们不仅能够大方自信地向游人宣讲大雁积极行为，还能够有模有样地示范文明做法，并依据积极行为的要求及时制止和纠正他们看到的不文明行为。

我们不难想象，为了做好宣传员，学生必定重新研读了积极行为规范，并创造性地设计宣讲形式，组织宣讲语言……这一过程是学生自身对积极行为再认识、再消化、再吸收的过程，是通过个性化的表达和展示将积极行为约定内化于心、外化于行的过程。经过这样的宣讲活动，积极行为必将在学生心中真正落地生根。

学生的健康发展应是家庭、学校和社区共同努力的结果。教师的教与学生的学，需要通过教育共同体的共同作用才能收获更为有效的成果。同样，积极行为的推广与落实、良好行为习惯的养成，需要学校与家庭、社区携手，共创良性互动的育人生态。基于这样的认识，我们不仅通过家长会向各位家长讲解积极行为，还主动走出去，利用“好老师进社区”活动进行宣传。我们期待大雁积极行为能够在社区中绽放，获得社区友邻的认可，为学生积极行为的养成培育一片沃土。

第四节　行为评价与三级干预系统

一、多元的积极行为评价系统

1. 多元评价

积极行为系统落实的情况如何？学生积极行为践行的程度如何？凭借哪些依据进一步指导学生的行为，完善积极行为系统？为了有效解决这些问题，让学生扎扎实实地践行大雁积极行为，我们制定了相应的评价量规，它包括学生自评、家庭评价、学校评价（如图 6-1、6-2、6-3 所示）。

中关村第三小学大雁积极行为自我管理

	第(　)周	第(　)周	第(　)周	第(　)周	第(　)周	第(　)周	第(　)周
1级音量交流							
手和脚保持在自己的身体上							
靠右侧行走，不过中间线							
一级一级上下台阶							
见到老师客人主动打招呼							
见到垃圾主动捡拾							
使用合适的语言和语气表达							

备注：中关村第三小学的学生是受欢迎、有能力、有担当的，每天能够按照大雁积极行为来做，一周中每天都能做到其中的哪一项，就为自己画上一个笑脸吧！

图 6-1　大雁积极行为学生自评表

学生行为评价表格（家庭版）

亲爱的家长：

下面是学生行为养成与支持系统的评价表格，欢迎您对学生在家庭和社区的行为进行真实的记录和评价，以便我们共同收集数据，更加全面地了解学生并提供有效帮助。

学生姓名：	地点：	□ 公交车
年级：1 2 3 4 5 6	□ 家中	□
时间：____年____月____日	□ 社区公共活动区域	其他 ______

学生行为表现：

□ 言语攻击他人，音量过大

□ 随便乱动别人东西

□ 随处丢垃圾，不主动捡垃圾

□ 破坏公物

□ 不遵守规则，如不按序排队、闯红灯等

□ 不服从管理

□ 其他 ________________

可能的行为动机：	□ 躲避任务
□ 引起家长的注意	□ 躲避家长
□ 引起他人的注意	□ 认为这样做是允许的
□ 获得奖励	□ 其他 ________

家庭采取的措施：	
□ 行为修正和再教育	□ 减少特权
□ 完成一定任务	□ 约定积极行为奖励
□ 其他 ________________	

其他相关人员：小伙伴______ 邻居______

我的陈述：（我当时的感受是……如果再遇到类似情况我会通过……方式表达自己的需求）

____

____

注：对孩子的问题行为进行及时、真实的记录，以便学校和您一起对孩子的行为进行支持。如果一周之内连续三次记录，请您及时告知学校。谢谢您的支持与配合！

家长签字：________ 日期：__________

图 6-2 大雁积极行为家庭评价表

学生行为评价表格（学校版）

姓名：		区域：	□ 专业教室
		□ 教室	□ 图书馆
年级：1 2 3	日期：	□ 走廊/楼梯	□ 操场
4 5 6	时间：	□ 公共活动区域	□ 入校时/放学时
老师：		□ 卫生间	其他：
其他相关人员：		□ 餐厅	

学生行为记录			
学生行为记录	□ 追逐打闹	□ 着装不符合要求	□ 破坏公物（乱写乱画等）
	□ 打架	□ 乱动别人东西	□ 电子设备违规使用
	□ 跑跳上下楼梯	□ 闲聊、音量过大	□ 随处丢垃圾，不主动捡垃圾
	□ 携带危险物（刀、剪刀、打火机）	□ 插话/打断别人	□ 撒谎
		□ 言语攻击他人	□ 盗窃 其他 ______
	□ 扔、抛物品	□ 不服从教师管理	□
可能行为记录	□ 得到同伴的注意	□ 躲避同伴	□ 生理原因—自制力差
	□ 得到老师的注意	□ 躲避教师	□ 其他
	□ 得到奖励（活动）	□ 躲避任务或活动	

班主任的措施	管理者的措施
□ 行为修正、再教育	□ 行为支持委员会开会
□ 减少特权	□ 减少特权
□ 纪律办公室	□ 联系家长
□ 完成一定任务	□ 午饭后留校
□ 联系家长	□ 课后留校
□ 课后留校	□ 专业心理辅导
□ 交给行为支持委员会	□ 校内暂令停课
□ 转交学生管理层	□ 校外暂令停课
□ 约定特殊奖励 其他：	□ 其他

其他相关人员	□ 没有人	□ 科任老师 其他：
	□ 同学	□ 教职工
	□ 班主任	□ 外聘教师

注：所有不当行为都要被班主任记录，连续三次行为被记录后需要联系家长并将档案转交管理层。

补充说明：________________________

老师签字： 日期：__年__月__日

管理部门签字： 日期：__年__月__日

家长或者监护人的签字： 日期：__年__月__日

图 6-3 大雁积极行为学校评价表

除了评价量规外，我们还研发了如图 6-4 所示的数码学校“学生行为记录”系统，便于教育共同体中的成员随时随地记录学生良好的行为习惯以及需要改进的行为习惯，为后面对学生行为进行有针对性的支持与干预提供实证数据支持。

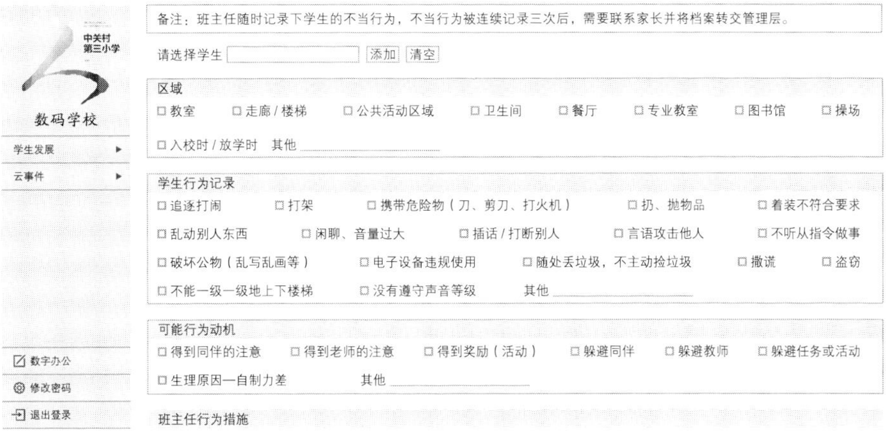

图 6-4 数码学校“学生行为记录”系统

2. 积极行为记录流程

① 任课教师对违反大雁积极行为规定的学生进行教育，并登录数码学校做好积极行为记录。

② 同一学生的违规记录累计达 5 次，级部及校中校的积极行为干预小组建立学生个人档案，对其进行行为干预，并在数码学校中做好学生行为记录。

③ 级部及校中校积极行为干预小组对同一学生进行行为干预累计 3 次，仍未达到预期效果，那么，学生部参与对该生进一步的行为干预，并在数码学校中做好学生行为记录。

④ 学生部参与行为干预后仍未达到预期目标，则邀请专业部门对该生行为进行第三方评估，并制订“个案教育计划”。

⑤ 家校合力，结合“个案教育计划”对学生进行行为干预。

3. 积极行为奖惩措施

积极行为奖励机制：使积极行为系统契合学业评价系统，与每学期的评奖评优活动直接挂钩。设计制作大雁积极行为徽章，学生能够很好地实践哪一项积极行为，就会得到相应的徽章，集齐 6 枚徽章就可以获得“金雁奖”，集齐 5 枚徽章就可以获得“银雁奖”。这些徽章能够很好地激发、督促学生落实我们的大雁积极行为。

活动奖励以有意义的精神奖励为主，由各级部或校中校结合实际情况自己制定，学生部给予支持；各级部或校中校结合大雁积极行为建立自己的落实机制，如采取五星级楼层评选、五星级卫生间评选、大雁监督员评选、级部会经验分享、校区会经验分享、年度论坛研讨等具体措施来奖励大雁积极行为。

图 6-5　不同积极行为的奖励徽章

2018 年春季开学典礼上，学校还启动了“21 天，可见的大雁积极行为”挑战实验。学生自愿挑战自己，在 21 天中努力在任何场和、任何时间都遵守七个基本行为。每个自愿参与第一季挑战的孩子都会获得一颗星大雁徽章，顺利通过21天挑战的同学可晋升两颗星，进入第二季挑战直至完成全部挑战者可获得五颗星大雁积极行为最高荣誉勋章。这项全新的积极行为支持系统目前正在学校全面展开，受到了学生的普遍欢迎。在挑战中，学生得以进一步践行积极行为。

问题行为处理措施：我们本着心里有人、教育为主、不贴标签的原则，以发展的眼光帮助和鼓励学生改正。相关研究指出，一个好习惯的养成需要21天，我们把积极行为分配到每个月进行重点培养，再通过提醒、监督、评价来坚持。每天都会有值周的同学进行数据收集，班主任进行行为记录，所有的老师都会成为管理者，同时也是积极行为的示范者，共同引导学生遵守我们的大雁积极行为规范。

二、积极行为的三级干预系统

我们为积极行为的养成与支持设置了三级干预系统（如图6-6所示）。

一级干预是所有场合、所有家庭、所有学生都必须遵守的，带有预防性和前瞻性的干预系统。不是学生出了问题才想到去解决，而是把学生可能

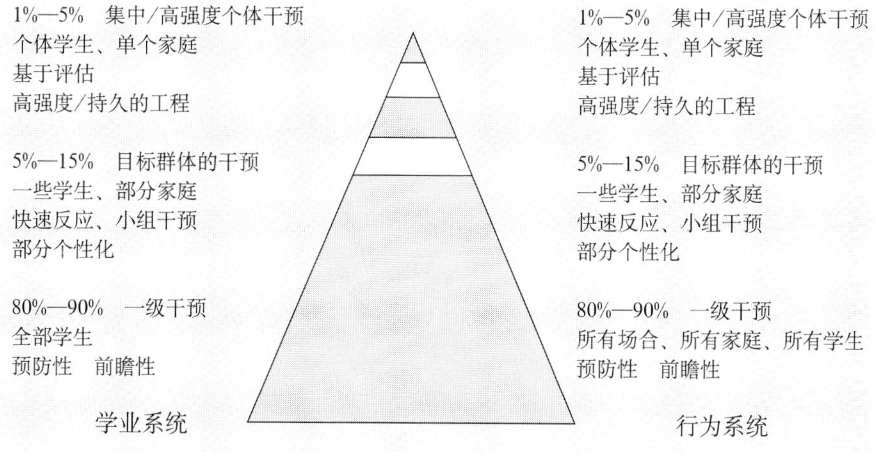

图6-6　积极行为三级干预系统示意图

出的问题想到前面，结合五大基石形成我们的行为目标。为此，学校制定了大雁积极行为，能够按照这一行为要求去做的学生人数可以达到总人数的80%—90%。

还有5%—15%的学生不能按照我们的大雁积极行为去做，或多或少存在着某些行为问题，任课老师会把这些问题记录在数码学校中，然后由学生部牵头，组成级部主任、班主任和任课老师、心理老师共同参与的二级行为干预小组，建立学生档案，结合学生的心理、生理等测试制定帮扶方案，对学生进行行为干预。

其中10%左右的学生通过二级行为干预能够走入一级干预的行列，但这样的干预对于5%的学生可能依然没有效果，需要由专家、家长、心理老师、班主任、学生部共同组成三级行为干预小组，进行科学分析，建立行为档案，制定方案，实施干预。二级和三级行为干预都是长期的心理和行为干预过程。

第五节　循规矩，正方圆

一、学生积极行为记录与评价系统

积极行为养成与支持系统不是基于经验，而是基于实证数据的科学体系。我们需要对全校师生的行为进行记录，收集大数据，进行数据统整分析，了解哪些行为习惯需要加强、哪些地方容易产生行为问题等，再以此为依据进行行为规范的制定与落实。

在积极行为的培养过程中，我们研发的数码学校“学生行为记录”系统，能够及时记录和收集学生的行为，为我们追踪、监控和完善积极行为提供了技术支持。在学校层面，我们根据数码学校的记录进行整体数据分析，弄清楚不同行为要求的落实情况、哪些地方还有待进一步强化、不同年级学生积极行为的不同表现，等等，并根据这些数据分析制订下一步的工作计划及完善措施。就学生个体而言，教师对学生积极或者消极的行为进行记录，绝不是“记黑账”，而是为后面有针对性地进行支持与干预保存实证数据，便于分析学生的可见行为，把握规律，更有效地帮助学生。

行为记录的过程与行为评价实际上是相辅相成的。如前所述，根据评价主体的不同，我们制定了不同的行为记录表和评价量规，包括学生之间的互相评价、老师评价和家长评价等。

二、让真实的学习有规可依

学生积极行为规则的制定需要面向未来，而积极行为养成与支持体系就是立足于学生一生的发展，能够保障面向未来的教与学的变革。无论是积极行为坚守的价值信念、具体要求，还是三级行为干预系统，抑或是行为记录评价体系，无不以学生终身发展为出发点和目标。我们期待通过积极行为养成与支持体系，将我们的孩子培养成受欢迎、有能力、有担当的人。

在基础教育阶段，学生行为习惯的养成与知识和技能的学习同等重要，甚至更为重要。我们都清楚地认识到，良好的行为习惯和行为方式必定会助力学生的学习。在真实的学习过程中，学生作为学习的主体，需要与同伴合作探究，尝试解决各种问题；教师作为助学者和支持者，需要将课堂还给孩子。因此，只有在安全的、互相尊重的、有礼有序的环境中，真实的学习才能顺利发生。我们注重发展学生的明辨性思维、创造力、解决问题能力、有效沟通能力、合作精神与技能、全球感知力、元认知能力、责任心等核心素养，而这些素养得以提升的基础，便是良好的行为习惯。

三、学生成长清晰可见

积极行为养成与支持系统的建立与实施，取得了较好的教育效果，学生按照积极行为的要求初步树立了规则意识，能够用大雁积极行为自觉要求自己。抽样调查表明，在楼道中，大部分学生能够轻声慢步靠右行走，每个课间每层楼道奔跑人数从 50 人左右下降到 7 人左右，课间意外伤害事故从每月平均 20 次下降到 10 次以内，有效减少了校园安全事故的发生。

在不同场所，学生知道了用不同的声音等级进行交流，优化了学习环境。学生懂得了尊重老师、尊重家长、尊重同学，学校各个维度的满意度逐年稳步提升。

积极行为还帮助学生建立了友好的伙伴关系，解决了成长中遇到的人际交往问题，学会了合作与分享。不仅如此，当学生走出校园时发现，大雁积极行为就是社会通用的文明行为规范，于是，他们以小组为单位，利用假期走出校园，走进社区、公园、电影院等公共场所，践行并宣传三小的大雁积极行为，在社会上产生了积极的影响。

四、共同的约定解放教师的教育力

教师作为教育共同体中最重要的成员之一，不仅是落实积极行为规范、帮助学生习得积极行为的践行者、监督者，更是积极行为的示范者和倡导者。积极行为系统在全校推广之前，我们就开展了针对不同学科教师的积极行为养成与支持系统的培训工作。

无论是全体教职工大会、校区例会，还是级部会议、校中校会议以及学科研讨会等，我们都会积极推介大雁积极行为的理念及具体操作流程。老师们很快便接纳并高度认可了积极行为系统在促进学生形成良好行为习惯、助力班级建设、营建学校绿色生态环境上的作用。

取得共识之后老师们便开始了行动，他们与学生一起落实积极行为，用统一的标准要求并教育学生，和学生积极参与到“21 天，可见的大雁积极行为”挑战活动中去，监督落实情况。老师们以身作则、身体力行，也给孩子们树立了良好的学习榜样。

积极行为系统的落地生根离不开教育共同体各成员的教育合力。课间活动时，教室里的音量等级降了下来；走廊里追跑打闹的现象明显减少；卫生间里浪费纸张的情况减少了，孩子们能够有序地排队如厕……

令人欣喜的是，积极行为的有效落实，也将班主任从纷繁复杂的学生事务中解放出来，从不同老师不同要求的“乱象”中解放出来，从学科要求与班级要求不一致的困境中解放出来。统一标准、统一要求、统一标识的好处是：将行为习惯的培养化繁为简，学习即生活，教书即育人。知识的学习、技能的提高、良好品格的养成有机融为一体，形成了一个积极、动态、稳步向前的生态系统。

第七章

学校中的学校：变革学校管理模式

学校是以育人为核心的小型社会组织，为了营造和谐共赢、共同发展的教育生态，我们变革学校管理模式，由传统的金字塔形管理走向矩阵结构的治理，重新梳理各部门的职责、权利、规章制度，调整学校相关治理主体，共同决策，协同创新，让矩阵管理落实到具体行动之中。

我们将“小家”的概念融入大学校的背景，让学校变小、变暖、变温馨，进而增强人与人之间互识、互学、互助的交往频率，在集思广益的过程中让每个人都感受到主人的担当、荣誉的共享。在这里，每个人都有生长的空间和可能；在这里，我们力求营造一个多维、积极、健康、丰富的社会关系网络。

第一节　组织结构扁平化

传统的金字塔形管理模式，分工清晰，责任明确，各部门各司其职，任务逐层下发、推进，能够保障学校的稳定发展，但也容易导致学校缺乏创新动力和变革的勃勃生机。因为金字塔形管理模式中的上层领导和处于下端的教师、学生个体之间缺少交流互动，只局限在你说我听的僵化模式之中，“关系”层层弱化，信息级级衰减，组织成员容易缺乏积极性和主人翁意识。

2016年，我校形成一校三址的规模之后，虽然在校总人数比过去减少了1000多人，但依然是拥有5000多名学生和400多名教职工的大学校。面对这样的规模，金字塔式的治理结构很难再引领、助力师生和学校的发展。

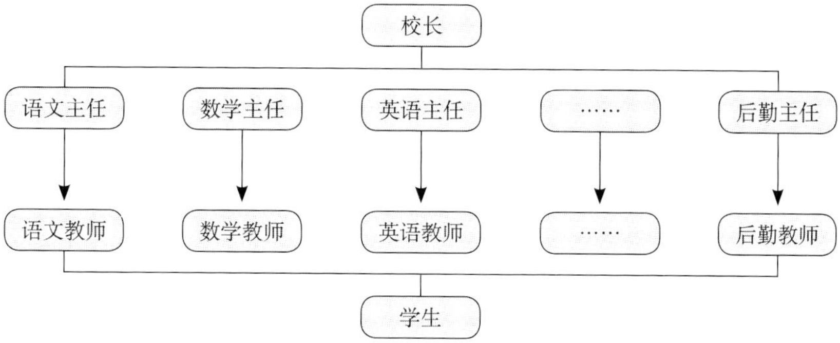

图 7-1　传统的金字塔形管理模式

为了营造和谐共赢、共同发展的生态关系，我校进行了扁平化的组织结构变革，逐渐形成了如图 7-2 所示的规划指导评估系统、组织与实施系统相协调的矩阵管理架构，共同承担学校的建设发展任务。第一条线是学校的职能部门，即课程部、学生部、教师部、校务部和发展部；第二条线是级部 / 校中校，是学校日常工作中最基本的管理单位；第三条线是由创客发展中心、文化创意传播中心以及校际及专业组织合作中心组成的学校众创基地。

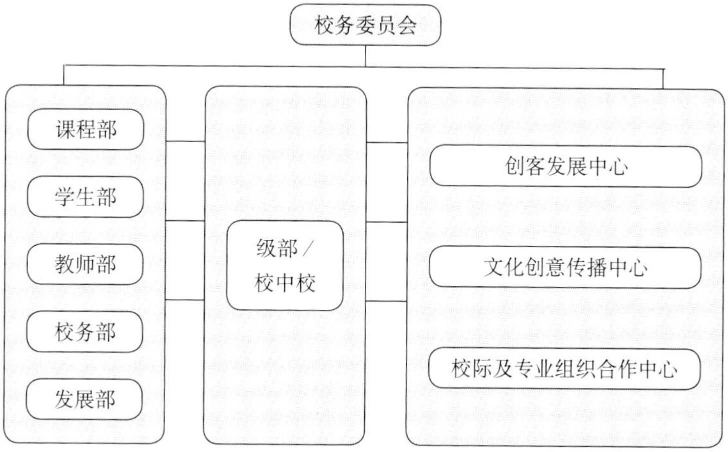

图 7-2　学校共同管理的矩阵架构

第一条线和第三条线都是为实现育人效果的最大化而服务的，而第二条线则处于学校工作的核心地位，直接对日常的教育教学工作负责，直接关系着学生的学习、生活。因此，从这个角度来看，级部 / 校中校的管理模式使学校从一个庞大的教育教学组织变成若干小规模的教育教学独立单位，甚至可以说是“小学校”。

第二节　人财物，责权利

在明确了学校矩阵治理架构的基础上，我们结合校区建筑和师生配置特点，进一步明确了每一个部门的职责、权利，带动管理的扁平化发展，从而简化程序，快速响应师生需求，进一步提高协作效率，降低管理成本，促进教学流程和工作流程的创新，实现分布式领导的现代学校管理模式。

一、职能部门

第一条线是职能部门，即课程部、学生部、教师部、校务部和发展部，承担着学校的规划、引导、评估等工作，面向学校的每个校区。

1. 课程部

在大课程观的背景下，规划并组织实施学校的课程计划，开发符合学生多样发展需求、分层次分阶段的综合性课程；探索不同发展阶段的、多年级儿童共同学习的机会，构建不仅基于班级，而且基于组群的学习发展共同体；建立课程质量提升的督导机制，促进学科教研组建设，提高教师教学水平，推动课堂教学的主题研究及学科教学间的融合；建立健全课程资源，为学生提供书本和课堂之外的更多样的学习机会和资源，形成适于儿童发展的课程体系。

2. 学生部

为学生创造丰富且富有吸引力的学校生活，拓展学生的发展空间和机会，规划学生各类社团的发展；承担班主任队伍的建设与培训，指导班级和中队的文化建设；建立促进每个学生参与活动、获得进步的评估机制，建立促进学生养成良好的学习和生活习惯的行为准则；研究社区和家长参与学校发展的路径和方法，促进学校与社区、教师与家长的良性互动，共同服务于学生的发展。

3. 教师部

引导部门和个人提升反思、改进的能力；评估教职工专业发展、专业鉴定和档案管理；建立各类教师专业发展委员会和项目组，并指导其开展活动。

4. 校务部

依法依规管理学校综合性事务，保障学校平稳有效运行；协调学校职能部门和级部间的关系，落实上级下达的相关任务；负责与教育共同体关联方的联络和资源的开发；督办和落实学校重大事项；落实年度财务预算及财务绩效考核，规划并落实学校硬件设施的采购更新计划；管理学校档案和资产，维护房屋设备，保障校园安全；完善校园建设，传播学校文化。

5. 发展部

协调各部门，为学校发展提供问题解决的前瞻性思路与创意，协调和开发对外资源，宣传学校形象，同时负责信息管理、文化传播、国际交流以及学校与校外各个专业团队的联络和评价；开发促进教与学质量提升的评估量表，为学校的发展提供基于数据分析的评估性建议。

二、事业部门

第二条线的级部 / 校中校，承担着学校日常教学的组织与实施，是学校日常工作中最基本的管理单位。每个级部和校中校都设有一名主任，主任拥有财务支配权、教师聘用与考核权、人事安排权和教育教学指挥权，负责教师的选聘、评价以及日常教育教学工作。

三、众创基地

第三条线是由创客发展中心、文化创意传播中心以及校际及专业组织合作中心组成的众创基地，主要承担学校整体构架和师生创意落地的工作。顺应“互联网 +”时代的教育变革，通过灵活多变的工作模式，传播教育共同体中每一位成员的首创精神，丰富“大家三小”的文化内涵，提升学校的品牌影响力和学习力。

这三条线形成相互连接的矩阵式治理格局，通过协商、合作完成重要工作以及日常工作。这种格局有助于实行分布式领导，让更多的人参与学校的发展事务，积累了全局思考的经验，减少了管理链条过长带来的决策滞后，同时加强了教师之间的合作和融合，增进了跨班级的交流，扩大了儿童的交往半径，更容易发挥团队文化的力量，促进了每个人对自我工作价值的认识和反思能力的提高。

通过建立分工明确、有效互动、民主、科学、高效的指挥体系，探索基于班组群的校中校和基于年级级部的扁平结构，我们形成了职能部门和事业部门矩阵管理的格局，以及上下同心同力的发展态势。

第三节　多元参与的学校共治

为确保战略目标和价值追求的实现，学校主要由 5 个职能部门、4 个校中校、3个级部以及3个创意中心共同承担学校的行政管理和发展建设工作。而学校的校务委员会在学校党委、工会、教代会的领导和监督下，对学校的重大事项进行决策。

因此，在矩阵治理格局之下，学校形成了六大治理主体，即以校长为核心的行政团队、课程发展委员会、少先队大队委员会、家校共同发展委员会、党组织、教代会，如表7-1所示。

表7-1　学校治理的六大主体

把握方向、策划、组织落实	组织实施	监督、促进
以校长为核心的行政团队	课程发展委员会、 少先队大队委员会、 家校共同发展委员会	党组织、 教代会

不同的治理主体在学校的发展过程中发挥着不同的职能。以校长为核心的行政团队是学校建设和发展的指挥棒；课程发展委员会、少先队大队委员会和家校共同发展委员会是分别代表生态大课程体系下教师、学生和家长三方的三大治理主体；党组织和教代会在学校的建设和发展中起到了监督和促进的作用。

一、以校长为核心的行政团队

主持学校全面工作，把握社会主义办学方向，坚持立德树人，遵循儿童成长特点和教学规律，科学规划学校发展远景和不同阶段的目标，制定可行的实施路径，协调资源，培养优秀的干部和教师团队，通过建立分工明确、有效互动、民主、科学、高效的决策指挥实施体系，服务于师生的教与学，形成真正以学生发展为核心、服务于教师及学校教育共同体其他成员的安全、科学、专业、绿色、可持续发展的学校生态环境，进而形成学校发展的特色和品牌。

二、课程发展委员会

作为学校的学术单位，课程发展委员会的职责与课程部之间有一定程度的交叉，如负责对教学工作的前沿领域进行理论研究和实践探索；参与决策并开发符合学生多样发展需求、分层次分阶段的综合性课程；探索不同发展阶段的、多年级儿童共同学习的机会，构建不仅基于班级，而且基于组群的学习发展共同体；推动课堂教学的主题研究及学科教学间的融合；建立健全课程资源，为学生提供书本和课堂之外的更多样的学习机会和资源，形成适于儿童发展的课程体系。但是课程发展委员会也有其特殊的使命，如收集教师教育教学过程中产生的反馈信息，推动全校教育理念、方法、体系的深化；建立教师创新激励体系，鼓励教师特别是青年教师的教学创新。课程发展委员会对学校的教学发展起引领作用。

三、少先队大队委员会

少先队大队委员会是学生自主管理的组织，它不仅是学生学习自主管理的平台，更是作为服务对象提出建议、参与决策的主体之一。少先队大队委员会从学生中来，能够听到学生的心声，通过收集并反馈学生对于学校设施、教学、文化的意见和建议，引导学校的教学和其他活动更好地贴近学生，更加符合学生的需求。少先队大队委员会委员以身作则，起到了模范带头作用，有利于良好校园风气的形成。少先队大队委员会带领各中队、小队做好队务工作，开展形式多样、生动活泼的班队活动，积极发掘先进个人和先进集体，将优秀的传统文化、革命文化、社会主义先进文化有机地融入日常生活，增强了各个班队的集体凝聚力和向心力。

四、家校共同发展委员会

家校共同发展委员会承担引导、促进家庭和学校每一分子共同发展的责任，强调的是与学生的共同发展。在学生成长过程中，家长和教师都是在解决一个个问题的同时，与学生一同学习、成长的，只有教育共同体中的每个人都能不断学习与进步，学生才能拥有一个健康、有序、可持续发展的成长环境。

家校共同发展委员会定期听取学校教学、管理等方面的工作介绍，同时收集、分析、归纳并及时反馈家长对学校管理、教育教学的意见、建议和要求，发挥对学校工作的检查、督促和协调作用，促进学校教育、管理质量的提升。家校共同发展委员会通过组织好老师进社区、家长开放日等活动，让家长能够更加了解、认同并支持学校工作。如，我们开展家长开放日活动，目的不是为了让家长监督老师，而是让家长看到孩子的情况，看到师生的努力，从而尽可能地为教师的教育教学工作提供支持，让教师全身心投入班级中，投入与孩子的相处中。因为学校最大的资源就是教师对学生的关注。

五、党组织

我们的下一代不仅要爱国、爱党、爱人民，还要认同并拥护我国的基本政治制度，成为自觉体现“四个自信”、能够肩负起中华民族伟大复兴重任的一代新人。

基层党组织在办学方向上承担着“为谁培养人，培养什么样的人”的定位和把关工作，在学校发展上发挥着政治核心和战斗堡垒的作用，发挥着凝聚广大教职员工共识共力的思想引领作用。

六、教代会

教代会是教职工队伍民主参与学校管理、制度和文化建设的重要途径，是教职工当家做主的体现。学校重大事务决策前，都会广泛听取教职工的意见和建议、声音和诉求，发挥全体教师的民主管理和监督作用。教代会听取学校管理层关于学校发展规划、教职工队伍建设、教育教学改革、校园建设以及其他重大改革和重大问题的报告，并深度参与其中提出意见和建议，将基层教职工的集体智慧融入学校的发展大计中。

教代会与管理层共同决策，问诊学校的疑难杂症，推动学校的发展；讨论通过学校提出的与教职工利益直接相关的福利、分配方案以及相应的教职工聘任、考核、奖惩办法，为教职工的切身利益代言；监督学校各项规章制度和决策的落实，分别对学校领导干部和相关工作报告进行民主评议，促进学校管理水平的不断提高。

第四节 学校变小，文化增厚

从金字塔形的管理走向矩阵管理，我们不但追求结构上的变化，更注重内在文化的积淀。

一、学校管理的价值追求

解放教育力，为学校教育共同体中每一位成员的学习和发展提供尽可能多的空间和机会。

1. 崇尚雁阵精神。每个部门都是重要的，都肩负着不同的责任，因此各部门成员就要在各自的岗位上发挥才能，独立完成职责。

2. 强调互补。每个团队和部门要相互配合，形成合力，协同创新。

3. 注重“发展人”而不只是“做事”。眼中有事，心中有人，既要能做成事，还要不断推出新人，为大家三小的持续发展积蓄动力。

二、学校管理的基本原则

通过许多项目组和各种各样的委员会，带动管理的扁平化发展，促进教师团队的多样化发展，实现分布式领导的现代学校管理模式。

1. 有利于明确责任，确保学校战略目标的实现。

2. 有利于简化程序，快速响应师生的需求。

3. 有利于提高协作效率，降低管理成本。

4. 有利于有效的交流沟通，促进每一位成员的进步成长。

5. 有利于教学流程和工作流程的创新。

随着共同治理的管理文化不断积淀，矩阵治理从形式、结构上升到了理念，并渗透在学校工作的方方面面，不但提高了管理的效率，更实现了一群人的可持续发展。

例如，在每年的教代会上，我们都会围绕学校发展的大事小情展开虚实结合的讨论，引导广大教职工确立更高的追求和更开阔的视野与思路。在2016年暑期的教代会上，我们在之前“学校将成为什么样子”的讨论基础上，开始转向“学校能发展成什么样子”的讨论。因为我们知道，前者意味着我们要对发展趋势进行分析、研究、预测、推断，而在过去的五年中，我们已经用行动给出了证明。至于后者，要想将预期目标真正落实下来，就不能停下脚步，我们更需要行动力、直觉、创造力、使命感，最重要的是要有远见卓识，推动学校变革走向深入，进而从“可能”境界进入“必然”境界。因此，教代会设立了“金点子奖”，鼓励教师的创新。在这个过程中，教师关心的重点也从“请假代课制度”的个人具体事务上升到“学校核心课程的建设”和打造“大家三小品牌”的共同管理上来。

第五节　超越部门边界

我们希望教师有全局观念，能够当家做主，可是，他们日复一日在如同流水线般的工作岗位上辛劳，又怎能履行好主人的职责？我们希望教师能够通过合作相互学习、彼此分担，但现实是，教学仅仅发生在相互隔离的教室中，又该如何增进他们之间的合作？我们希望贯彻共同治理的精神，可是在实践矩阵管理的初期，没有决策者拍板，具体事务难以推进，又该如何让每一个“讨论家”成为“实干家”？这是我们实施矩阵管理时必须深入思考和解决的问题。对此，我们设定了以下原则。

首先，矩阵管理的结构要由矩阵决策来保障，即承担学校重大事务和重要项目的部门或者责任人，要与相关部门及校外专业支持方进行充分沟通，在共同参与中形成执行方案。要遵循研究调查、专业沟通、形成方案、落实执行、评价反馈的流程，促进人与人之间、部门与部门之间的联系，增进团队间的协同合作，将更多人的智慧融入其中，以确保方案的专业品质，避免管理断层。

其次，每一个项目都要设定明确的牵头人和责任人，大家在吸取各方建议的过程中，明确各自的责任划分，共同推进与实施项目，这样就保证了在不同的项目中，每个人、每个部门都有机会承担不同的责任。同时，各部门要进行紧密的对接，彼此协助，共同合作。

下面借几个典型案例，来说明矩阵管理下协同合作的力量。

一、校服预订从线下走向线上

以前校服的预订，都是班主任统计学生信息、收取相关费用，之后上报财务部，财务部进行确认，再与厂家取得联系。在预订校服的过程中，出现什么问题，厂家须通过学生部和学生取得联系，才能调整，而学生在使用校服的过程中，对校服的面料和设计有什么建议，也很难直接反馈给厂家。单线条的管理模式不仅延长了信息反馈的时间，在一定程度上也降低了工作效率，阻碍了生产者与使用者之间的有效沟通。

在矩阵管理模式下，校服预订发生了质的飞跃，首先体现在校服预订流程的优化上。我们采取了网上预订校服的方式，学生和家长可以通过网络自由选择校服的款式、尺寸及数量，然后将预订信息直接发送到厂家，由厂家统一制作、配送。其次体现在校服的设计和改良上。校服设计项目主要由文化创意传播中心牵头，沿用老校服蓝色、粉色两种基本色调，调动家长的设计资源共同讨论、修改，更加注重校服的细节设计，比如领结与袖口都增

文化创意传播中心的老师与家校共同发展委员会成员共同研究校服

加了个性化的设计元素，让校服集制服与运动服的功能于一身，既舒适又美观。校服改良则由学生部组织协调，调动老师、学生、家长的资源进行反馈，在后期还会协同家校共同发展委员会一起做校服面料的质检以及校服细节的修订。在设计与改良的过程中，校务部主要负责财务方面的预算和支出，同时保证校服符合国家相关政策的规定。通过调动各方资源、协调各方反馈信息，我们设计出了校服样板，由孩子们选择。

二、“现代学校创新行动激励计划”中的协同创新

“现代学校创新行动激励计划”是对教师的创造性实践与研究成果进行认可与奖励的行动计划，是激活师生发展潜能的重要路径之一，由教师部和课程部牵头，发展部、学生部、校务部协同制定和实施，各级部 / 校中校相互配合完成。

第一步：制定框架。首先，是横向的矩阵协同。各个部门成员一起商量，提出相关建议，进行整体规划。考虑到不同岗位教师的不同发展方向，我们将创新行动激励计划分为四类，即“真实的学习”课程创新、教与学的方式创新、空间资源对教与学的支持创新和现代学校运行与管理创新。前两

个主要由课程部进行方向的选定，而后两个则主要由学生部和校务部给出相关建议，形成计划的框架。然后，是纵向的矩阵协同。各个级部 / 校中校主任听取计划的框架并提出相关建议。

第二步：细节推敲。由教代会、行政班子共同决策，进行可行性分析，排除风险后敲定框架，然后由教师部在大会上发布。之后，各部门协同召开三次准备会议，敲定实施的细节：（1）教师部与党委、工委征求建议，为了使激励计划覆盖更多教师的实践与研究，提出了班主任管理等方向的创新；（2）教师部与行政班子制定具体的细节；（3）两个校区的教研组长、群组长、学科主任共同讨论细节，如核心人和参与人如何安排，上交材料的要求等。

第三步：各级部 / 校中校面向全体教师发布。级部 / 校中校主任分别向教师宣讲此次创新行动激励计划的内容，包括行动的宗旨、评选的方向并举例说明可申报的方向等。然后，群组长开会动员，鼓励教师总结工作经验和方法，并给予相应的指导。

第四步：准备、申报、评奖。教师可以通过组群、教研组申报，也可以以个人名义申报，由级部 / 校中校收齐后上交教师部，教师部进行分类、整理、核实并组织教师确认签字。然后，教师部将材料上交北京师范大学教育学部评选，形成初评名单，再由课程部邀请评委来校复评，教师部组织答辩。最后，由教师部公布评选结果。

在这一过程中，几大部门协同作战，形成激励做事的积极氛围，真正让这件关乎教师切身利益，又影响全校教育改革创新实践的重要事件发挥出应有的推动作用。

三、日常教学管理中的矩阵决策

学校的发展最终要落到人的发展上，包括领导、教师、学生的共同发展，而矩阵管理结构让我们在日常教学的方方面面都能够感受到学校对人的关注。下面再通过日常教学中的两个案例来看矩阵管理的运行、实施及其带来的变化。

1. 作业交流

作业交流是借助学生作业或作品研究学生、研究教学的一种活力。先由课程部发布作业交流的方案，每个级部 / 校中校再进行内部的组织安排。我们通常有两次作业交流的机会，第一次是跨学科的组内互查，第二次是以级部 / 校中校为单位进行的检查。借助作业交流这样一个契机，教师看待孩子的视角变得更多元。比如一个学生不擅长数学，但数学老师可以在美术作业中发现他的美术天赋；语文老师跟英语老师交流后，也许就能看到某个孩子对英语学科的兴趣和英语能力。这样一来，教师就不会盯着孩子某一学科或某一不足之处不放，而是用发展的眼光全方位地看待孩子。

跨学科的作业交流不仅让教师看到了孩子不同学科的学习情况，还给各学科教师提供了沟通的机会。各学科教师建立了联系，形成一个共同的场域。比如，品社老师看到了语文老师批改作文的细致认真，音乐老师看到了数学老师的专业负责，他们有机会去了解和欣赏对方的工作，以此反思、改善自己的课堂，更好地进行跨学科的合作互助。

2. 家长开放日

我校是开放的、包容的，允许别人说不，允许别人提建议。打开自己，让别人走进来，就能接纳不同的信息，就有机会提高自己。所以，学校既安排了家长会，又设置了家长开放日，让家长走入校园，了解学校的方方面面，了解孩子日常的学习状态。

和作业交流相似，课程部先制定一个家长开放日的规划方案，然后把它交给级部 / 校中校，每个“小家”可以据此自主安排家长开放日的活动，比如决定开放的时间、天数，开放的课程、板块，开放的形式、教师的安排，

家长开放日的课堂发言

等等。

每个级部 / 校中校可以根据自身情况选择开放课堂还是特色项目，比如四年级展示的就是“行走在天坛”的项目学习成果，四年级的所有班级都参与了这个活动，每个班都有自己的独特风采。如果选择开放课堂，级部 / 校中校主任就会深入了解老师们的教学情况，对哪个班安排哪位老师、安排什么课做到心中有数。比如张三老师的课还需要改进，级部 / 校中校主任和相关老师就一起参与，助其完善，有针对性地指导和助力发展。

每次家长开放日结束后，我们都会收集家长的反馈，教师也要总结，再一起反馈给课程部，指导下一次家长开放日活动。

在实施过程中，我们慢慢打开内心，和家长站在同一平台上，多维度看待问题，与家长共同建设和谐积极的教育共同体。

我们所做的一切努力，都是为了把育人的责任落实到每一个人身上，把学校变成一个个“小家”，用更加宽阔的视野，构建更加和谐、开放与创新的学校环境，使学校成为推动教育进步的“大家三小”。在这里，人人都是教育者，人人都具有多重身份。矩阵管理让每位教师都处于不同角色的交汇点上，她 / 他可能既是一位语文老师，又是级部或校中校的管理者，还是教学诊断项目组的负责人。角色多了，平台就多了，可以发挥的作用也就更加多维、多样。

正如加拿大教育家迈克·富兰所说，领导者的职能是提供可选择的菜单，而不是下命令；是采取果断的决策促进团队的发展，而不是限制；还要为团队发展与更大环境的连接提供路径。在党委和校长的统一引领下，五大职能部门规划、设计、发展，级部、校中校协同合作，教师拥有了更多的权利和声音，在教学中教师、学生共同发展，反过来又促进管理层的完善。这种矩阵式管理创造了一种开放的、互动的、生态的环境，人与人之间形成了互促、互学、沟通、流动的关系，大家为了同一愿景而合作共赢。

第八章

解放教育力：成长在聚光灯下的教师

教师的成长和发展是一个永恒的话题，更是近年来教育研究的热点。可以这样说，教育变革和发展的最终力量来自教师。越来越多的人认识到教师成长的重要性，并尝试将各种研究成果应用到教育改革中，但在具体的教育情境里，教师的成长总是面临很多实际的难题和痛点。课程改革及其评价、教师的职业倦怠、教育偏离本体等问题在很大程度上仍然困扰着我们。

很长时间以来，教师自主发展还停留在传统的技能性培训上，处于一种“被发展”的应付状态，教师作为改革的主体，很难自觉投入和参与到改革实践中。

这令我们不得不思考：如何调动起教师自我发展的积极性？教师在什么状态下才能做出最有教育味道的设计和工作？研究和实践都表明，一个人最好状态的实现并非来自外部的激励，而是来自内在的需求。只有内在的自我发展意识觉醒了，教师才有动力持续学习与研究，才能实现自我的成长与发展。教师的教育教学实践本身就是一个认识自我、塑造自我的过程，而我们要做的就是最大限度地发现和唤醒每位教师的自我发展意识，让教师在职业生涯中能够充满激情，感受到研究给自己的工作带来的变化，通过对教育实践的研究提升专业能力，做一个真实的、真正的教师。

第一节　从“饭后甜点”到“主餐”

培训，是目前教育行政部门对教师自主成长做出的主要回应。从最初的主观预设到现在的调研定制，教师培训对教师的专业发展起到了很好的促进作用，特别是对教师公共素养的形成起到了很好的补充作用。可以说，培训是“保底”的。但因为教育的复杂性，可以开展培训的内容实在是太多了，除了通识培训和学习，还有学科培训和教研。比如有需要全员参与的网络培训、远程教育，有学科内的各级学科骨干培训，还有名师班、名师工作室、劳模工作室的小型培训……

这些培训有的内容重复交叉，有的对个别教师没有太大的意义，这样就出现了培训实效性较低的问题。就像饭后甜点，虽然看着美味，但是不一定符合每个人的口味，饭后甜点太多，还会影响正餐营养的摄取。

当然，还有饭后甜点不足的情况发生。为了帮助教师成长，虽然不乏从特级教师到各级骨干教师再到学科带头人等荣誉的激励，但是能够获得这些荣誉的教师毕竟是少数。如何让教师摆脱倦怠等消极情绪，如何燃起教师的工作热情、提升教师的幸福指数成为摆在我们面前的现实命题。

教师的专业成长不能只寄希望于“饭后甜点”，还需要将学校内部的教师发展机会烹调成“主餐”。真正好的教学来自教师的自我认同与自我完整，贴近一线教师需求的培训、自下而上的教师自主成长，以及团队互动中的共同成长都是非常重要的。

第二节　做“自主发展大餐”的“烹饪高手”

什么样的专业发展大餐最适合自己的口味、最能满足当前自我发展的需要，只有教师自己最了解。但是，习惯了被培训、被发展的教师们，更多处于一种“饭来张口”的路径依赖中，一旦需要自己动手“烹饪”，还真不知如何下手。

怎么办？这个问题的答案还要从2013年开始追溯。

课程部艺术学科主任张文峰一直记得那个暑假的密云会议[1]——三小发展史上的“遵义会议”。

密云会议头脑风暴的核心主题是班组群。大家越讨论越心慌，许多教师认为，班组群好是好，但根本没办法实现。为此，刚刚出差回来的刘可钦校长深夜10点来到了密云，给教师做安抚工作。

“大家是真的恐惧和担心。设想一下，一直教高年级的老师怎样教低年级？也许连说话语气都要变。为此，讨论会变成了辩论会。”张文峰说，“现在想来，路径依赖是人们面对变革时最难以突破的。”“自己班的学生都管不过来，哪有精力去管其他班的孩子？”一位资格老的班主任当时愤愤不平地反问。

刘可钦校长没有停歇，而是一个个做工作。她平心静气地说服大家：“楼已经这样盖了，只能向前走。为什么这样做？不就是为了将来能够把大家的教育力拧成一股绳，而不是各自为战吗？咱们不要只想可不可行，关键要想怎么做。咱们试一试？”

为此，7个不同学科的教师成立了班组群突击队，模拟备课、上课、管理的一日生活，反复打磨、修改，直至模板形成。模板有了，大家稍稍有了一点儿底气。一天后，80多人的会议变成了30多人的会议，这30多人是学校日常各层面运行的代表，他们先是转战青岛进行24小时封闭分组讨论，模拟班组群一日工作的细节，然后在老校区实验……由此，改革的雏形逐渐形成。

① 2013年7月，我校在密云召开了学校骨干教师代表大会，对班组群这一理念的具体实践模式进行了研讨与设计，这次会议是“大家三小”实践征程的开始。

“我们的改革，不是校长一个人想明白了，大家照着做，而是大家在做的过程中做明白、做出感觉了。”课程部主任耿春龙老师说，“想明白了才有意义，我们不能用不尊重的方式推动以尊重为核心的改革。”

5 年过去了，由班组群引发的一系列变革反响是巨大的，但过程却是静悄悄的、不急不躁的。这种静是值得的，这种慢也是值得的，正是在这一过程中，教师们发现了大家庭的温暖，找到了小家庭的团结，也看到了成长的方向。50 多岁的刘爱民老师在与学生一起开展“毛毛虫大比拼”的跨学科学习时流露出的那种眼神、表情就像十几岁的少女。“感觉特别新鲜，找到了教书的乐趣。”她毫不讳言对班组群的喜爱。

这也是让刘可钦校长特别感动和引以为豪的:“我们的教师不再满足于做围墙之内、教室之中、讲台之上那个孤独的照本宣科的教书匠了。他们走出了单一学科的限制，视野变得更开阔，带给自己的教学资源和带给孩子的学习资源越来越多，并在这个过程中形成了共同的价值观，开始拥有课程领导的能力，把学校的事情变成了‘我的事儿’。”现在，这个“我的事儿”正在变成“我们的事儿”。

“以尊重的方式推动以尊重为核心的改革”“过程是静悄悄的”“静是值得的，慢也是值得的”“形成了共同的价值观”“‘我的事儿’正在变成‘我们的事儿’”……这一系列关键话语，让我们再次回顾、回味教师唤醒自我认同感、找回自身完整性的过程。在这个过程中，学校没有为教师提供定制的专业发展“套餐”，而是引导每位教师参与“自主发展大餐”的“烹饪”过程。只有这样，营养的搭配才会更适合教师的需要，教师对营养的摄入才会更充分。从被培训到要学习，教师的学习需求被点燃，教师在发展的同时享受着职业的成就感和认同感。

第三节　项目学习，回到真实的教育现场

身处一所多元开放、创新变革的学校之中，我们应该以什么样的方式为教师的自主学习、自主成长搭配有营养的“主餐”呢？

如前所述，真实的学习是我们一直提倡的价值追求。而教师要想带学生体验真实的学习过程，首先自身就应该体验到真实学习的完整过程。也就是说，教师发展首先应该在一个有意义的真实的学习场景中进行。开展基于项目的学习和基于表现性的评价，将是教师发展的有效手段和路径。

而项目研究正在成为教师专业发展的“主餐”。设计怎样的项目能够让教师在一个真实的场景中去学习、研究、思考、体验，一直是我们不断思索的问题。真实的场景一定是教师每日的工作与生活，真实的问题一定是教师工作中最常见的、让教师困惑不已的、一直得不到解决的，或者是教师一直关注和感兴趣的问题。而项目的最终研究结果应该能解决这些问题，能帮助教师更好地工作，能增加教师职业幸福感和认同感，同时也能让教师拥有专业的思想、解读教育的能力，并为下一步工作做好准备。

为此，我们的教师项目组研究已进行了 5 年。

一、学校指定“食谱”

早在 2012 年，发展部就根据学校当时的发展需要，列出了一些项目内容，而教师则根据自己的兴趣申报学校提供的这些项目，组成一个个项目团队。当时的项目涵盖了学校工作的方方面面。

1. 大家的歌：为了让更多孩子能有一展歌喉的机会，让孩子学会唱更多好听的歌，我们对升旗仪式、上操、休息、课间、放学的歌曲进行编排，还为学校合唱团的孩子准备了适合各种场合（比如开学典礼、迎接来宾、教师节）的曲目。

2. 多样多类的体育课程。

3. 国际学校教师交流：每年选派 1—2 名教师进行国际研修，为教师提供基于国际平台的职业发展和培训机会。

4. 小学教育国际研讨会：对话世界，与全球好学校比肩同行。

5. 校园视觉：种植园四季植物的选择、确定、标示；颜色、数字、文字等易辨的标识；学校的徽章、良言、警语等。

6. 校区管理：什么样的学生或教师能在新校区学习？是否固定？如何让所有学生都有可能进入新校区学习，而不是只面对一部分学生开放新校区？应该确定怎样的机制？学校领导班子的管理模式如何？三个校区是平行的还是各有偏重？如何让三个校区共享新校区的资源？

7. 课程设计：根据学生个体的发展需要和各学科的发展需求，设计适合班组群的课程形式。

8. 数码学校的规则与定位、云学校的构建。

9. 做好教师的学习和培训工作，完善教师评价机制。

10. 创意工厂：建立发展部运作机制，为学校各部门收集有关创意，协调各部门为学校发展提供前瞻性的问题解决思路与创意。

以上项目，是教师参与研究的第一批项目，也是项目组的雏形，我校的教师培训、教师的学习模式、教师的发展从此迈向了一个新的天地：让教师不仅成为教育的研究者，更成为学校变革全过程的参与者和学校发展的受益者、助力者。

二、教师自主研制“食谱”

从 2013 年开始，教师开始自行申报和拟定项目。说实话，大家一开始都不太明白要干什么，显得既好奇又小心翼翼。那年教师共申报了 37 个项目组，近 200 人参加。我们以自以为正确的方式展开项目研究，虽然现在回头看，当时的研究方法和内容是那么稚拙，但这些主题都是教师感兴趣的话题，都是教师平时工作中常见的问题，所以研究过程中大家都是兴致勃勃的。可以说，第一次项目研究起到了激发兴趣的作用。

当时为了不让教师在填报时觉得有压力，我们把申报书设计得非常口语化，比如把“研究主题”设计为“我们做什么”，把“研究的内容”设计为“我们怎么做”，把“具体措施”设计为“我们的计划”。这样，教师就会觉得做研究并不像想象中那么难、那么高不可攀。

此时，教师通过一年的实践，大多已明白了项目研究的目的和意义，申报时就有了新的想法并对内容进行了调整（如表 8-1 所示）。

表 8-1　项目组申报课题及成员安排

序号	学科	人数	课题	组长	组员
1	语文	13 人	学生卓越口才的培养	刘春祺、路媛、王东娣	翟淑君、王翠华、毛培培、邹丽、张学红、刘慧红、杨小意、丁岩、李雪丽、李卓琳
2		9 人	采撷国学奇葩，浸润经典馨香	李华	朱秀丽、李挺竹、高云霞、魏铭、张建新、费丹丹、仲伟燕、姜帆
3		9 人	培养学生广泛阅读，提高语文素养	何凤华	孔雪春、张昆、陈惠新、王振颖、左莉莉、刘畅、杨丽娜、刘霞
4		10 人	整合课内外阅读，探索主题阅读	王璐	韩彩虹、汪海霞、尹红、姚凯、谢驰、杨雪丽、王晓梅、陈蕤、苑晨颖
5		8 人	海量同读，乐写共进	耿春龙	王津、刘秘密、李锴、赵建革、王晶、李海军、郑韵
6		10 人	作文教学研究	王菁	胡娜、王雪梅、徐利华、张燕青、王盈、高霁岑、吴文、胡婧、杨霞
7	数学	4 人	数学思维实践活动内容设计	许哲玲	张静、时光、钱松
8		5 人	在数学课外阅读中提高学生数学素养初探	刘彦	闵学晶、曹博然、侯玉键、李莉
9		7 人	问题学生的性格特点、行为动机及应对策略	刘建昕	杨冬青、武军、果有奇、王海军、屈向东、刘昕
10		7 人	基于 IOS 平台的“数学吧”应用软件研发	王旭	梅凤杰、蔡悦婷、崔晓娟、陈东、张猛、赵雨生

续表

序号	学科	人数	课题	组长	组员
11	数学	6人	几何直观在小学数学教学中的应用	崔杰	吴媚、马秀梅、宋丽婷、朱新华、张颖
12		6人	如何实施学生实践活动的研究与思考	隗功华	郑玉菊、高惠文、李英、韩晶晶、历文友
13		5人	小学生数学学习过程错例分析及应对策略	施宝春	郭学锐、李京华、刘莲芝、韩晶晶
14		5人	学生问题意识在数学课堂教学中的培养	张文野	赵晓旭、杨行、任正华、刘颖
15		15人	研读教材、立足课堂	程磊	张弘、王菁云、李烨、王军荣、闫静、唐文会、王月、郭宝坤、张颖、万霞、马京霞、赵海霞、杨璐、王立娜
16	英语	15人	依据分级阅读标准进行小学各年段英语读物选择的研究	刘瑶	朱文谨、邢源、赵茵、郑燕竺、关杰、门凤军、汪玮、侯京钰、牛爱青、富艳华、陈戈、靳明霞、彭涛、朱佳
17		15人	点读技术在小学英语教与学中的应用研究	姜岩	姜晚禾、孙冬梅、赵宁、司凤致、吴铁萍、鲁凤玲、孙立华、曾蕾、王云红、田欣、武春艳、靳艳平、王雪、柳海玲
18	美术	8人	民间美术的传承与发展	蔡新颖	郝永涛、段晓京、高云霞、陶谦、郑盼盼、姜晚禾、吴听
19		6人	书法教学研究——读古诗、练书法	孙晴	郭玉芝、赵静、张洁、唐晋、郭丽
20	音乐	7人	小学生识谱能力达标的实践与研究	王永梅	乌日罕、王永梅、盛莉、李卉、虞捷、张文峰
21		11人	小学音乐课堂教学实效性研究	乌日罕	张文峰、盛莉、山跃、王永梅、李英娇、马娇峦、赵健梅、虞捷、孟素清、文一楠
22	科学	5人	学生科学实验素养的研究	孙文虹	蔡仕玉、张海龙、王莹、郝玉华
23	人文	9人	引导学生收集利用资料支撑自主学习	王冬燕	李慨、刘丽、李玉山、张叶、杨贺、薛飞、张春晓、张红杰
24	体育	7人	提高中高年级体育学困生身体素质研究	孙小建	应鹏、康永亮、姚斌、金雨地、朱文红、王骏芳
25		12人	体能课练：一绳一毽一沙包对身体素质的影响	李兵、孙小建	赵川川、张俊杰、孟繁儒、姚斌、王骏芳、陈利军、陈培红、应鹏、康永亮、赵小波

续表

序号	学科	人数	课题	组长	组员
26	德育	19人	有效沟通的案例研究	王群英、吴宵	韩志宏、王翠华、朱秀丽、关霞、杨霞、林静、杨现辉、刘淑艳、袁英、谢驰、胡娜、万霞、崔莉、张燕青、马德志、李卓琳、池昌斌
27	信息综合	7人	信息技术教材的整合与开发	安绍辉	张文龙、闫学成、宋鹏辉、陶谦、贾远朝、金乃申
28		10人	平板电脑与课堂教学	宋鹏辉、陶谦	何凤华、赵晓旭、宋立亭、王旭、闫学晶、郭凤娟、张建新、冯小宇
29	跨学科	20人	教育故事	李喜源、刘霞	张文峰、王璐、李京华、郝玉华、冯小宇、冯玉梅、田金竹、薛飞、王云红、蔡新颖、高霁岑、万霞、隗功华、耿春龙、宋立亭、杜峥、田欣、姚凯
30		12人	交互式媒体支持互动教学研究	王云红	杜峥、王月、姜晚禾、马德志、钱松、山跃、鲁凤玲、韩晶晶、彭涛、陶谦、李英
31		14人	大课程观背景下的课程体系建设研究	刘可钦、鲍海影	王璐、尹红、柳海玲、蔡新颖、康永亮、王群英、薛飞、李京华、刘江涛、张文峰、梁丽霞、钱松
32		11人	数字化校园建设与实施（简称E组）	贾远朝	赵晓旭、闫学成、张文龙、陶谦、冯小宇、金乃申、郭凤娟、安绍辉、宋鹏辉、张建新
33		8人	绩效考核制度研究	杨宁	彭涛、刘彦、朱艳红、朱文红、石磊、万霞、乌日罕
34		10人	学校品牌提升建设性研究（CI品牌规划）	高玉琳	杨继红、赵静、唐晋、金乃申、闫学成、李慨、刘秘密、朱文瑾、邢源
35		14人	金帆筹备企划组	李秀荣	徐燕芳、赵静、郭玉芝、马娇峦、赵文梅、尚云侠、温博、郑盼盼、王雪梅、杨贺、赵宁、尤雨晴、唐晋
36		16人	蒲公英的爱	赵文梅	郑韵、赵雨生、刘春祺、李挺竹、程美英、徐燕芳、郑盼盼、温博、胡婧、关霞、冯冬梅、崔晓萱、郭玉芝、张洁、丁岩
37		15人	社会主义核心价值观取向研究	蔡仕玉	石磊、许哲玲、王盈、李海军、徐艳芳、万霞、鲁志民、刘彦、杨霞、田欣、马煦海、于海红、应鹏、薛飞

表中的这些项目，有新增的，有不断调整的，也有最后取消了的。重要的不是这些项目最后是否取得了成功，是否能够一直存在，而是教师在申报过程中的发现和觉醒。

三、学校指定与教师自主创造融合

学校指定项目，有助于教师的研究与学校的长远发展相结合，与学校重点领域的建设相结合；教师自主设计项目，有助于调动教师的积极性，有助于提升教师的创造力。那么，将学校指定与教师自主创造融合起来，既能使研究符合教师的口味，又能解决教师教学实践中的问题，还能兼顾重点领域的建设与学校的长远发展。

2013 年，新校区启动建设。配合新校区建设，我们也同步开始了新校区的项目研究。发展部发布了新校区的研究项目，并制定了综合五大部门研究项目的《项目指南》。这些项目作为“长线项目”和老师们自主申报的“短线项目”交织在一起，是对“短线项目”的不断补充、完善和跟进。下面我们仅以校务部的项目为例加以说明。

校务部项目

1. 车辆管理

（1）什么车可以进入地下车库？如何申请程序？

（2）接送特殊学生的车辆进入地下车库是否需要医院证明？到哪里申请地下车库通行证？

（3）学校周边上下学高峰时期应如何疏导车辆，保持安全畅通？

（4）如何利用家校共同发展委员会协调、疏导车辆？

2. 配餐中心

（1）菜谱周周在校园网站上更新。

（2）餐饮如何与课程结合，让学生既能了解食物的营养成分，又能掌握营养搭配对身体的益处？

（3）哪些年级的学生在餐厅吃饭？哪些年级的学生在班组群空间吃饭？如何进行轮换？

（4）进入餐厅吃饭的学生如何就座、分餐？如何打扫卫生？

（5）如何让餐厅成为学生的课堂，让学生动手操作？

3. 保卫处

（1）治安防火科、车辆管理科如何分配任务？如何实施？

（2）陌生人来访，如何做好登记转接工作？

（3）制定突发事件预案，做好防护演习工作。

（4）创建家长接待室。

（5）如何安排领导值班？

4. 卫生保洁

（1）学校外围环境可设立卫生责任区，分配到班，如何实施？

（2）学校菜园如何维护？是聘请专家，还是利用社区资源？丰收后的果实如何分配？

（3）如何将卫生保洁纳入劳技实践课，让学生学会劳动？

5. 餐饮中心

（1）餐饮中心的职工住在哪个校区？如何分配？

（2）如何为餐饮中心的职工安排适合他们的专业成长培训？如何丰富他们的业余生活？

6. 体育场馆

（1）制定体育场馆的使用制度。

（2）哪些区域对社区开放？何时开放？如何进入？

（3）场馆维护。

7. 固定资产

（1）图书、资产如何编码？如何分区？

（2）固定资产维修。

（3）制定报废申请制度。

8. 健康互导室

（1）如何定期开展讲座？

（2）如何对有问题的学生进行心理干预，开展心理咨询？

（3）制定学生体检方案。

（4）制定传染病应急预案。

《项目指南》很清晰地告诉教师，各个部门的工作重点是什么，学校即将发生什么，学校需要什么，教师需要做哪些准备来迎接新校区的各项工作、适应新的变革和时代。

可以说，2013 年是教师对研究产生极大兴趣、有了研究意识的一个重要转折点。这一年的项目研究，为师生顺利入住新校区做了很好的铺垫和预设，同时也使教师做好了充分的心理准备。

2014 年，项目研究慢慢聚焦，新校区各项工作毫无疑问已经成为项目研究的重点，教师的关注点也慢慢从自我到学校，从本学科到跨学科，从教学到教育，从年级组到学校管理，从自己部门到其他领域，他们已经不再局限于研究课堂里的那点儿事儿了，他们已经有了大课程观，有了学科融合的理念，有了资源共享的意识，兴致勃勃地做起了自己感兴趣的事情，研究起了那些能解决未来工作难题的问题。

2015 年，新校区的项目研究已经落地，表 8-2 呈现的是我们的项目分类及项目组研究团队，其中，班组群的研究毫无疑问是我们的重头戏。

各个学科的老师们分布在各个项目组，做着他们感兴趣的项目研究，而

表 8-2　2015 年项目组研究团队

项目类别	小组参与成员	负责人
模拟班组群1	王津、张文龙、张文野、闫静、石凤然、张海龙、蔡新颖、宋芳	富艳华
模拟班组群2	高霁岑、路媛、李京华、吴听、刘笑嫣、李青、邹丽	王冬娣
模拟班组群3	刘亚静、崔晓娟、王雪梅、杨丽君、田金竹、金乃申、井思博、唐晋	赵宁
模拟班组群4	门凤茹、王亚静、于海红、刘莲芝、刘建昕、曾蕾、段晓晶	刘莲芝
图书馆	侯京钰、刘彦、张敏、宋立亭、朱一文、肖蕾、李华、李虹霞、朱琳、汪海霞、刘颖、杨贺	侯京钰
学具	郭学锐、张海龙、高晶晶、郑盼盼、许哲玲、宋芳、李虹霞、杨丽君、吴听、付强	郭学锐
校园文化	赵文梅、石磊、魏凌、蔡新颖、朱琳、侯京钰、唐晋、高玉琳	赵文梅
数码学校	贾远朝、王云红、王璐、郑祎、宋鹏辉、安绍辉、刘瑶、刘彦、施宝春、隗功华、孙文浩、陶谦	贾远朝
新校区室内装修	刘可钦、石磊、郭金贵、李宏伟、宋立亭、唐晋、赵文梅、蔡新颖、吴听、王璐、郑盼盼	李宏伟、宋立亭
新校区室外景观	石磊、孙文虹、刘熙睿、唐晋、赵文梅	石磊

他们的研究对于学校的发展来说是何等重要和宝贵。

2016 年，我们搬进了新校区，可项目研究并没有结束，等待我们的是更多的未知和挑战，一切都很新奇，一切都要提前安排，多少人的期待、多少人的梦想，都在促使我们把事情做好，让一切美好的设计方案真正落到实处。

此时，老师们已经尝到了研究的甜头。

班级文化如何建设？“三室一厅”的“家”如何布置？用怎样的窗帘，放怎样的绿植，能让孩子有家的归属感？一切都需要老师们带着孩子一点点地做，让理想中的学校慢慢生长起来。好在老师们已经经历了多样的项目学习，经历了真实的学习过程，眼前的新环境已不陌生，也不惧怕即将到来的挑战，只要方向对了，坚定地朝前走就行。

开展项目组研究的五年，是教师课程能力生长的五年，是唤醒教师内心的五年，也是教师获得发展和自我认同的重要五年。

第四节　教师发展的“美食节”

随着教师研究能力的提升，我们慢慢积累了一定的经验和成果。这些经验和成果对学校文化、教师专业素养、课程架构、教学方式、管理流程等都起到了重要作用。为了让更多的好经验、好成果辐射周边人群，让好的“产品”让更多的人看得见、用得上，我们采用了论坛分享机制：从 2013 年开始，我们有了每年一度的“大家三小年度发展论坛”；从 2016 年开始，我们有了每月的校区例会，加上我们的各种工作坊、沙龙、读书分享会，无数老师站在了聚光灯下，就仿佛教育“美食节”，大家在这里品味着每一道菜的芳香。

一、年度发展论坛

“大家三小年度发展论坛”已经五岁了，从诞生到牙牙学语，再到独立行走，我们一直陪伴在它的身旁，目睹着它的成长。每一次隆重召开都是教师智慧的流通，每一次确定主题都蕴含着我们的思考，每一次总结会颁奖都印证着我们的前行。“大家三小年度发展论坛”是学校提升教师研修能力的长效机制，展现了教师的智慧，分享了教师的经验，拓展了教师发展的途径和平台，促进了一批心中有学生、教学有风格的教师专家群的成长，为每位教师向着教育专家的方向发展创造了机会。

每一届论坛的主题都是大家在校长的带领下，结合学校的发展，经过反复讨论才确定下来的。从以下五届主题中我们可以看到，虽然有些主题的名字发生了变化，但主旨是不变的，那就是我们的坚守和成长。

表 8-3　大家三小年度发展论坛分享主题

	分享主题
第一届	说说我们组里的事、有效沟通做智慧的班主任、教育智慧我们共同分享、开阔视野感悟教育、项目组在行动
第二届	说说我们组里的事、大家课程大家建、我们汇聚正能量、教育智慧我们共同分享、有效沟通的成就感、养成教育新探究、项目组在行动、班组群我们在一起
第三届	雁阵在飞翔、有问题有互动的教与学、变革中的教与学、玩转选修课、积极良好的班级生活、大家的“悦”读生活、项目组在行动、众手托起学校 3.0
第四届	雁阵在飞翔、真实的学习、变革中的教与学、有问题有互动的课堂文化、专业可信任的师生关系、大雁积极行为、好老师、我们一起搬新家、读书与改变、教育共同体之家长学校的建立、现代学校管理、我们一起做研究
第五届	雁阵在飞翔、真实的学习、变革中的教与学、有问题有互动的课堂文化、专业可信任的师生关系、好老师 +、行有规行同矩的师生关系、现代学校治理和运行方式、我们的班组群、积极的班级生活、家校教育共同体、聚焦学生的研究

比如，“雁阵在飞翔”这个主题直到现在依然存在着，也是我们要一直保留的主题，是我们要永远坚守的阵地。一所学校的发展，依靠的不是某一个人，而是一个团队。我们崇尚雁阵的团队精神，希望通过团队的协同合作，形成合力，提升教师团队的领导力。因为教师身上具有的领导才能，是一所学校不断进步的宝贵资源。

第二届论坛我们开始关注教师的课程意识，才有了“大家课程大家建”的主题；第三届论坛我们关注学习文化，就将“有问题、有互动的课堂文化”搬上了论坛；第四届论坛又添加了新的关注点“真实的学习”……这些主题的加入也凸显了学校的成长。课程建设是学校发展的重要部分，将课程追求、教与学的方式、学习文化作为论坛的主题，是希望每位教师不仅成为课程的实施者，更成为课程的开发者，在实践与分享、反思中，提升教师的课程领导力。

第三届论坛的“大家的‘悦’读生活”倡导教师要多读书、读好书，和孩子们一起阅读；第四届论坛的“读书与改变”将视角从读书的意识投向了读书的结果，希望读书能够改变教师、改变教学。随着教师读书意识的增强，学校读书氛围愈发浓厚，虽然读书的主题在论坛上不再出现，但教师都爱上了读书。

1. 称号的变化折射出愿景和追求

在第五届年度发展论坛上，各个分论坛通过投票、点赞的方式推选出了本届的“分享家”。每个分论坛有 5—6 名“分享家”，每届一共可选出 60 名左右。总结会上，我们举行了隆重的颁奖仪式，走红地毯、读颁奖词、校长亲自颁发证书、分享获奖感言，这一系列类似于奥斯卡奖颁奖典礼的流程，让每一位“分享家”体验了一把当明星的感觉。这样的创意来源于我们的愿景和追求，我们希望三小教师都是“分享家”，希望分享过程中传递的不仅仅是教育教学智慧，更是三小教师的幸福。

回想在第一届论坛的筹备过程中，我们寻找教师发言人，鼓励他们将自己教育教学中的一点实践、一点想法拿出来在论坛上交流。在这个过程中，我们感觉老师们就是在完成学校布置的任务。而在后来的论坛中，我们倡导自主报名，提出了“分享 · 家”的分享理念，让老师们感受到分享是一种荣誉、一种担当，体会到每一位教师都有领航的机会。现在每一位发言人都是“分享家”，都是三小传播正能量、输出智慧的一颗颗种子。“聚是一团火、散是满天星”，每一位三小教师在自己的岗位上都散发出闪耀的光芒，充满了自豪和骄傲。

2. 筹备的变化折射出期望和目标

在第六届年度发展论坛的筹备过程中，我们通过发现、推荐、自荐等多种方式，结合相关主题，积极寻找在教育教学实践中有创新想法的教师，为每一位入选教师牵手一位专家，让教师能够及时与专家互动交流，在不断的实践和反思中形成自己的知识成果。

大家三小年度发展论坛中的教师交流

评选的第一周，教师陈述的还只是粗浅的一些想法，经不起更多的推敲，专家的现场点评也多是点到为止，后来经过一个学期的实践与积累，经过“分享家”的相互启发与建议，教师形成了更明确的看法，专家也开始与教师共同探讨、深入交流。教师分享的不仅仅是教育的智慧，更是成长的过程。我们所期待的年度发展论坛不是一个结果而是一个过程；我们的目标不是一个、一群教师的成长，而是整个三小教师团队的成长。

大家三小年度发展论坛不仅让教育智慧流通起来，让同伴在相互学习、相互激励的过程中进行实践和反思，涌现出了一批有独立见解、独特风格的好教师，而且在这个过程中学校的教育理念和学校文化在不断被认同和重建的过程中确立下来，推动着 3.0 学校的建设和发展。

未来，论坛要走的路还很长，我们依然会小心呵护、耐心陪伴，不断地为它的成长给予阳光和雨露。

教师在分享中收获了幸福和成长

二、校区例会

2016年3月，我们搬入新校区，将每个月最后一周的周二下午设为校区例会时间，希望教师能够分享和传播实践中的经验、策略。一开学，我们就确定了例会的主题和主持人，每一个发言都要经过几轮打磨。但是在第一次校区例会上我们发现，老师们听的效果并不好，虽然人在但是心不在。不是老师们不想学习，而是我们把他们弄丢了。那如何牢牢地抓住老师们的心，让他们跟着分享者同思同行?

为此，我们组织了策划小团队，精心设计例会的流程和形式，请专家帮助分享者梳理演讲内容，在管理层的小范围内讨论会议新方案并达成共识：改变会议座椅的摆放形式、细化分享者的发言内容、调整会议的内容……这一系列改变之后，我们欣喜地看到了老师们的变化。大家变得活跃起来，与分享者积极互动，共同探讨教育教学中的实际问题。毫无疑问，走上分享者的舞台是一种历练，是一种升华。好的分享者一定是好的老师，因为他们只不过换了个讲台而已。

站在聚光灯下的分享机制，让教师享受到了职业的成就感。他们的经验和成果被迁移、被复制，产生了更多的价值。同时，在分享的过程中，教师可以听到更多的意见和声音，而这些声音无疑可以促进成果的改进。再者，分享本身也是一种提升教师能力的好办法，因为生动的讲述、流畅的表达，都是一个好教师应具备的基本素质。

就这样，三小的教师一次次地站在聚光灯下，踏上红毯，走上教育改革的舞台。他们拥有了更骄傲的姿态，成为专业、自信而满怀职业幸福的教师。他们分享班级管理经验，关注课堂教学，为学校建设出谋划策，同时也找到了自己的职业生长点。当教师自身的发展和学校的发展同步时，两者就会双赢。

第五节　走上科学、专业的成长道路

《学校发展纲要》的行动准则之一是“追求基于实证数据的科学且专业的决策”，这让我们意识到，教师的项目研究与分享，应该有更加科学、专业的引领，因此，学校成立了专门的科研管理室，引导教师进行更加科学且专业的研究。这样，我们就能够让教师在已有研究的基础上进行更加深入的思考，实现质的提升。以课题的形式开展研究、追寻结论，使教师获得成就感。

科研管理室配备了多名有较好学术背景的教师，由他们担任科研专职人员，主要负责与上级部门衔接、发布各种教科研信息、管理校级课题、研制并发布学校课题申报指南、指导本校教职工选择合适的课题。

科研管理室还建立了如图 8-1 所示的各学科的管理分支体系，即由各学科中有较好学科背景、较强研究能力的教师担任学术秘书，为本学科团队的教学提供相应的研究支持，同时也与学校科研室紧密配合，共同组建学校教科研团队。

管理分支图

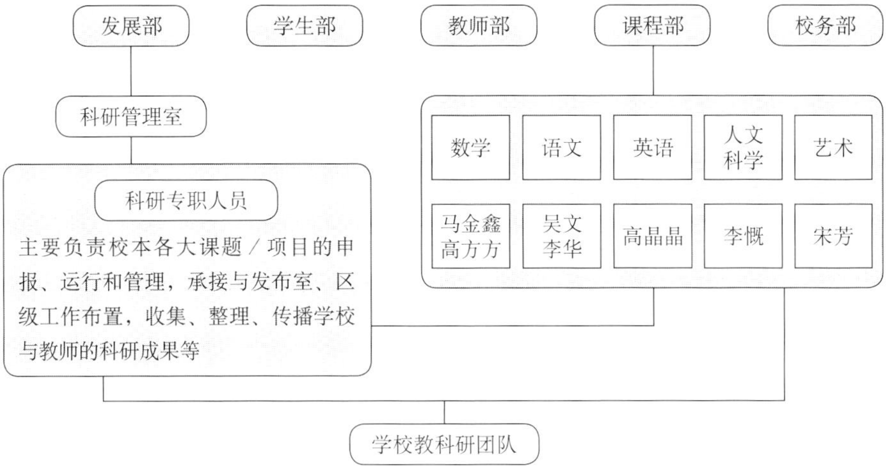

图 8-1　三小科研管理团队构成

同时，学校还制定了相关的教科研管理制度，完善科研档案的建设，制定了学校科研项目的申报、支持和评价制度。

学校教科研管理分校级课题和教师课题两级管理。其中校级课题主要是以学校或校长为代表申请的市、区级课题，教师课题是以教师（含各级管理层）为代表申请的市、区级课题以及本校的项目课题。各项课题均严格按照课题研究流程展开，各环节严格按规范进行。这些研究有价值、有意义、有生命力，让教师感受到了科研使自己工作发生的变化。

学校鼓励教师申报市、区级课题，在教师申报过程中，负责科研工作的干部会向教师提供申请、写作上的指导，从而规范课题的申报流程和内容。规范而有序的教科研管理制度让教师的研究成果能得到及时的巩固和保护，让教师有了成果意识，并帮助教师获得荣誉、得到提升，同时最大化研究成果的作用。

第六节　是创造者，亦是受益者

一所面向未来的学校，应时时处处都奔涌着智慧的河流。我们所做的面向未来的教育改革让教师不断学习、不断研究、不断认识自我、不断提升和发展，使每一个教师都有机会贡献自己的智慧与创新力量。教师的研究成果不断涌现、更新，推动学校向前发展，也促使教师成为学校发展的主力军。

在我校，改革中的痛点、难点越来越多地转化为大家共研的关键点、兴奋点与收获点，改革既是精心进行顶层设计的预设过程，也是积聚集体智慧的动态生成过程。

让教师在直面复杂教育现实的问题解决中站在前台，经风历雨，进而在"痛并快乐"中享受独有的专业尊严与专业自信，这既是我校带给教师的最大福利，也是我校进一步发展的最有力支撑。

一路走来，我们有了一批优秀的具有课程意识的研究型教师研发的课程——侯京钰老师的图书馆课程、刘彦老师的数学阅读课程、蔡新颖老师的美术即时性课程、青年音乐老师们的周末音乐课程，还有各个班组群研发的板块课程以及跨学科大课。

最让我们惊喜的是，这几年老师们在研究的过程中留下了很多原创性的、有价值的文章，它们大多发表在《教师月刊》《人民教育》《新校长》《基础教育参考》等杂志上。据知网统计，2002—2015 年署名三小的文章共 272 篇，其中有 235 篇是 2012—2015 年发表的。

这几年我们之所以会涌现出这么多的文章，教师写文章的热情之所以这么高，都是因为科研让每一个人成为研究者，教师的学术思维日益活跃。教师有了实践和思考，就有了创作的冲动，创作的冲动有很多表达形式，写文章是其中一种。

这些年来，教师越来越多的创新经验被学校采纳，被同行认可，甚至被作为成果推广。为了推动教师创新，鼓励教师在日常工作中循证研究，留

教师在研修中心观摩学习

存证据，及时总结策略与经验，获得实证支持，也为了尊重教师的研究和付出，进一步激励教师，我们于 2017 年 9 月设立了“三小创新成果奖”，以奖励为学校发展做出贡献的教师。

创新成果奖分为 4 大类。A 类是真实的学习课程创新。其中项目学习、组群大课、表现性评价为课程创新的关键词。B 类是教与学的方式创新。从基于学科教学的经验和模型、有问题有互动的课堂文化、教学的特色与风格等来看教师的教学创新。C 类是空间资源对教与学的支持创新，提倡部门协同、课程支持、班级管理与班级生活。D 类是现代学校管理与运行创新。

我们一共收到了 124 项成果申报，共 620 人次参与，最后评出特等奖 4 个、一等奖 24 个。教师通过项目申报和答辩，再一次梳理了自己的研究成果和经验。从项目申报的情况来看，参与的人数达 90% 以上；从质量来看，更加让人惊喜，很多教师个人或团队的原创成果不但能解决许多亟待解决的问题，还能通过对具体案例的分析，形成这一类问题的解决方案、措施、流程、机制，可借鉴、可复制、可迁移。

学校最大的收获就是：一群志同道合的人一起走在了教育的路上，他们有着坚定的脚步和清晰的目标，正如我们的“雁阵精神”所倡导的——在三小大家庭里，每位成员都是重要的，每一个人都有领航和贡献的机会和可能，都拥有成长和发展的空间，都会在困难的时候获得帮助与支持，都会在不同的位置展现三小的北京气质、世界品位和大家风范。

第九章

教育共同体：社区中的学校

真实的学习，需要学校尽可能处于开放的状态，让学生置身于一个更接近真实世界的环境。因此，让社区资源与家长智慧参与学校建设，让学校与社区相融，是一所面向未来的学校的必然选择。

建设一所面向未来的学校，绝不仅仅意味着打造现代化的物理建筑，也不只是配备高科技的教学设备，还应关注教育的外围，跟上社会的变革步伐。

建设一所存在于社区中的学校，意味着学校要和社区创造更有效的沟通与合作模式，让资源流动起来，让信息共享，以设计更有效的校园学习场景来促进真实、有深度的学习的发生，而以人工智能为代表的技术变革让学校、社区与社会的深度融合成为可能。

第一节　立德树人，三位一体

我们认为，家庭、学校和社区对于学生的成长、发展来说，是至关重要的地方。家庭与社区是一所学校向外无限延伸的生态系统的重要组成部分，在教育中扮演着不同角色，承担着重大责任。这三者如同一组精密配合的齿轮，彼此咬合，联动向前。

一、一切为了孩子的家长们

三小地处北京市中关村科技园区的核心地带，这里也是海淀区大专院校的聚集地带，可以说是北京市高科技资源和人才资源最为密集的区域。为了获得顶尖的教育资源和教育机会，许多家长蜂拥而至，不惜重金在附近买房安家。

这种现象反映了家长对教育的极大关注，同时也让我们感受到家长对孩子学业的高度紧张。在这样的环境下，家长往往严格要求孩子，对孩子倾注着极大的希望。有的家长不仅要求孩子学习成绩优秀，还要求他们全面发展，导致孩子在各种辅导班、“坑班”中疲于奔命；也有家长矫枉过正，干脆否定了自己曾经努力拼搏的过程，认为学习就应该是“快乐”的，进而对孩子的学习放任不管。

我们曾经感慨，各行各业都需要执证上岗，唯独家长不需要。而现实是，有相当数量的家长不太懂得教育孩子的方法。他们焦虑、无助，不知该如何对待孩子、如何解决孩子学习和生活中的各类问题，他们比孩子更需要学习。更值得我们注意的是，家长无论是用短跑的心态来指导孩子的“学习马拉松”，让他们在无休无止的“抢跑”中丧失学习和探究的激情与乐趣，还是对孩子的学习放任不管，对孩子出现的问题置之不理，很大程度上都会影响到孩子在学校的学习状态，影响到学校倡导的“基于儿童兴趣、发现并成就每一个儿童”的宗旨，影响到我们按照教育规律办一所面向未来的学校。

二、学校不应是“教育孤岛”

我们经常听到教师说：“要是学校能安安静静办教育该有多好！”“如果家长不能支持教师的工作，那么请不要干预教师的工作！”这是一大批教师和校长的心声。

长久以来，校园相对封闭，学校与外界的联系格外单一，学校被很多人称为“教育孤岛”。“孤岛”一词往往让人联想到海面上一座座荒芜的、隔绝的岛屿，给人以荒凉、寂寞之感，这有悖于万物互联的时代趋势。

然而，学校真能成为“孤岛”吗？很多事实证明，学校、家长、儿童是教育密不可分的三个主体，试图将学校封闭起来，只能加深三者之间的猜疑，降低彼此之间的信任。

“把同学的东西藏起来”等恶作剧、“下围棋不服输打起来”等打闹现象、“跑步时腿摔破了”等意外事件、“不遵守规则被老师批评”等日常教育管理、“毒操场事件”等社会热点问题……学校里发生的任何事情都可能牵动家长的神经。任何一件小事处理不当，学校就有被舆论推到风口浪尖的风险。

与其闭关锁校，不如变革开放，让学校打开大门，拆掉围墙，变成一所真正向家长、社区与世界开放的学校，变成一所向真实生活、未来生活开放的学校。

三、“学校像一个社区”

所谓社区，一指空间，一指人际。空间上不仅包括学校所在的街道和小社区，也包括整个城市甚至更广范围的大社区；人际上包括学生、教师、家长、邻里、朋友、专家等以学生为中心的人际互动立体网络。

曾经有一名外校四年级学生到我校交流学习，在看到我们新校区时，这名学生禁不住感慨：“老师，你们学校真大啊！”“老师，你们学校像一个家。”“老师，你们学校像一个社区。”面对记者的采访，我校的学生也表达了“我们的学校让我们的学习、生活变得非常方便”的心声。真是佩服孩子敏感的直觉，这样几句话竟然涵盖了我校诸多教育追求，体现了我校在对学校与家庭、社区关系思考后从物理空间上所做的积极回应。如前面所描述的那样，我们希望班组群成为师生家庭式的学习生活基地，那么一个个“家庭”聚集在一起，就自然形成了一个“社区”。同时，我们更希望学校能够融入真正的社区之中，因此便有了半开放形态的学校建筑，表达着我们敞开胸怀、拥抱社区的心愿；有了呈“凹”字形、从建筑红线向内退了10米的新校区主门广场，产生学校融入社区的立体感；有了校门两侧供社区往来人员休息的座椅。

校门两侧供社区往来人员休息的座椅

丰富自我，敞开胸怀，是学校与社区对话的开始，也是将社区融入教育共同体的开始。

我们认为，一所面向未来的学校，应有长远的目光，能够协调学校、家庭、社区的关系，营造一种和谐共生的教育大生态，为学校教育教学和学生成长创造良好的软环境。一所面向未来的学校，必须重视自身在社区中的引领作用，开放校园，实现与社区的深度共融、共进，从“孤岛”中全面解放出来。

第二节　社区的“庙堂”

陕西师范大学龙宝新教授曾指出：“从某种意义上说，学校是社区、村落的学校，它是社区、村落的有机构成与建设者，学校承担着主导周边文化建设的重任，它只有归属于周边地域文化中才可能找到自己的文化脐带与栖身家园。”[①] 这也是我们尝试将学校建成社区中的“庙堂”，让学校成为社区的学习中心的原因所在。

一、学校的社区性

一所学校，不仅仅孕育着一代人，甚至孕育着社区中的几代人。在有的家庭里，常有几代人毕业于同一所学校、父子受教于同一位老师的现象。学校的一些变动，往往牵动着社区中许多居民的情感。

过去，学校和社区的交流相对有限。现在，我们重新审视学校和社区的关系：学校处于社区之中，办学治校离不开社区的支持与帮助，家校合作离不开社区的联动。社区的参与和支持，能够为学习创造更真实的场景，帮助师生实现有深度的学习。

因此，学校先天具有社区性，与学生一样生于斯、长于斯。从这个意义上说，面向未来的学校更应凸显自身的社区性，与家庭和社区携起手来，共创良性互动的育人伙伴关系。

二、学校与社区的双向对话

学校存在的核心目标是什么？是通过学校的学习与生活，帮助每一个儿童都发现自己、成就自己，为每一个儿童的幸福未来打下坚实的基础，并从

① 龙宝新. 论学校文化工程建设的使命与视野［J］. 中国教育学刊，2014（5）：47.

这里出发寻找通往未来的路。

未来到底会怎样？面向未来的学习与教育最大的挑战又是什么？我们无法确知，但可以肯定的是，这一代孩子成人之后，他们将要用他们当下不知道的知识、技术去解决当下无法预测的问题。

当一切变得充满不确定性时，一所封闭的学校就会充满风险。唯有开放学校，将其置于社区之中，让这个社会最前沿的声音与变化在最短的时间内反馈到学校的教育设计中，使其成为学生可以触摸和体验的课程与学习，并培养他们面向未来的核心能力，学生才会一点点接近美好的未来。

一所面向未来的学校不可以回避学校的开放性。学校是各种资源的聚集地，应逐步建立大资源观，走进社区发现资源，进入社会筛选资源，放眼全球借鉴资源。学校不仅要受惠于社区，更要反哺社区，利用各种方式走出去，不断传播学校的理念，并与社区居民一起为之努力。

三小的学生与社区的爷爷奶奶互动

学校可以发挥自己的反哺作用，在场所场地、设备设施和学习资源等方面支持社区，还可以利用各种学习资源提高居民的思想道德素质、科学文化素质、健康素质和职业技能。学校应该成为社区居民可亲近的去处，成为社区的中心，成为社区的“文化庙堂”。

三、教育孩子，团结人们，引领社会

《学校发展纲要》明确提出：“学校教育的历史使命和社会责任应该是：教育孩子，团结人们，引领社会。”我们认为，教师、学生、家长、学校管理者、社区以及其他关联方的良性互动，共同形成学校教育共同体。知识、技能的传递，不仅仅是单向地由教师指向学生，也不仅仅是单向地由上一代指向下一代，教育共同体中的每一位成员都有机会或可能成为知识、技能的传播者和接受者。其中，教师起着关键作用：帮助学生与家长设计并搭建好学习活动的脚手架，协同教育共同体中的其他成员做好自省、评价及改进的工作。学校教育共同体中每一个成员都是重要的，需要互相尊重、帮助、支持、合作。

可以说，建立教育共同体是我校发展的重点领域之一。教师、学生、家长、学校管理者、社区以及其他关联方的良性互动，有利于营造一个科学、专业、绿色、可持续发展的健康生态。鉴于此，我们成立了家长参与学校教育的多样委员会，并通过这些委员会建立学校与社区的互动机制，使其成为学校与社区之间的纽带和桥梁，为学校创建良好的外部发展环境，并在学校教育大课程观的背景下，拓展学生真实学习的机会和可能。

第三节　学校对话社区的桥梁

过去，我们也有家长委员会，但更多的只是让家长协助学校做一些力所能及的事情而已。家校合作欠缺深度融合，欠缺智慧共享，欠缺教育设计的

深度合作，欠缺对学习的关注，因此我们更期待在家校关系中融入共同发展的理念，让家长作为学校治理的主体成员参与学校建设。

正是在这样的理念的指导下，我们于 2016 年 5 月成立了大家三小家校共同发展委员会。委员会的宗旨是：促进家庭教育与学校教育相互合作，发挥彼此的优势，建立合作的伙伴关系。委员会的首要定位是：在教育孩子的过程中，成人也需要一同学习、共同发展。

家校共同发展委员会由家长和教师共同参与，实施轮值主席制，以最大限度地发挥家长的主动性和创造性。轮值主席主要负责委员会的发展战略和制度建设，不具有独立决策权，在履行最高管理者职责的同时，与学校保持良好沟通，促进委员会和学校工作全面、健康发展。

家校共同发展委员会海报

家校共同发展委员会通过“家庭教育实践研究中心”“家长志工团”“邻家孩子”“家校事务协作中心”四个平台开展工作，不仅为师生的教与学提供最佳支持，也是每位家长的学习之家。对于家长而言，参与委员会工作的重点不是帮孩子做什么，而是真正走近孩子，深入孩子的学习与生活，真切体会理念，与学校共同教会孩子做人、做事的基本道理。

从“家长委员会”，到“家长学校”“家校联盟”，再到“家校共同发展委员会”，我们的名称换了又换，就是期望能够架起一座家庭和学校共同学习、共同发展的桥梁，通过建构家庭、学校、社区间的积极的、合作的、良性的互动关系，为学生创造一个科学、专业、绿色、可持续发展的生态环境。

大家三小家校共同发展委员会行动计划

组织名称

大家三小家校共同发展委员会

服务平台

家庭教育实践研究中心、家长志工团、邻家孩子、家校事务协作中心

组织机构

1. 家校共同发展委员会采用轮值主席工作制，委员会主席、委员及相应的四个平台的工作人员任期两年，届满有二分之一人员更替，以保证委员会的活跃度。

2. 家校共同发展委员会委员由家长和学校教师共同担任。家长按照学生数千分之三的比例产生；教师由一位学校工会委员、一位学生部教师、三个校区每个校区各一位教师代表组成。

遵循的原则

1. 了解并认同学校的办学理念，在《学校发展纲要》的指导下形成家校

一致的教育合力。

2. 共同遵守“安全、尊重、责任、规程、合作”五大基石，身体力行做学生的榜样。

3. 经过商讨，共同制定大家认可的志工公约、活动制度，共同遵守。

4. 根据学校各个部门的需求，统一调配家长志工工作岗位，原则上家长志工不在自己孩子所在级部 / 校中校工作。

5. 家校共同发展委员会中的每一位成员都是重要的，需要开放包容，互学互鉴，相互尊重、帮助、支持，共同做好自省、评价及改进的工作。

6. 制定两年工作规划，提交委员会委员审议通过并实施。

7. 无偿提供自己的教育资源，协调家校之间的关系，为学生、教师、家长提供必要的帮助与支持。

“家庭教育实践研究中心”“家长志工团”“邻家孩子”“家校事务协作中心”四个平台承载着各自不同的工作职能，以此来构建学校与社区、学校与家庭多维的、积极的、绿色的教育生态，形成良性的互动机制。

家校共同发展委员会依托四个平台的规划一步一步在实践中反思，在反思中前行。委员会拉近了我们与家长之间的关系，家长经常将自己家庭教育的困惑和问题拿出来，与学校一道探讨，设计更适宜孩子生长的教育。

一、家庭教育实践研究中心:“家长沙龙”为家庭教育支着

很多家长感慨，自己面对孩子的学习，常常感到无从下手，用自己的亲身经历，朋友、同事的教子之道，无数本亲子教育书上提供的方法，依然无法“搞定”自己的孩子。其实，父母的过多干预，很容易造成儿童在心理上的逆反，令家庭教育矛盾升级。长此以往，家长的焦虑会在家庭乃至社区中蔓延，最终对学校的教育产生影响。

为了解决家庭教育问题，家庭教育实践研究中心着手为家长量身打造家

长课程。

我们将全校不同校区、不同年级的50位学生作为样本进行深度访谈，参与访谈的有学生部教师、专家、资深班主任，接受访谈的是这50位学生及其家长。我们结合访谈的情况做了针对全校家长的调查问卷，并进行了相应分析，最终明确了家长的需求，确定了家长课程的主题。

表9-1　家长需求与家长课程主题对应表

家长需求	家长课程主题
对于学业的帮助需求	学习主动性的培养、学习兴趣的激发、自制力的培养、毅力的锻炼、专注力的培养、拖延的纠正、阅读习惯能力的培养
对于人际交往的帮助需求	解决言语暴力问题、解决肢体冲突问题、处理同学间的矛盾、学会接纳和欣赏别人、掌握交友原则和技巧、应对集体排他、克服自我中心
对于心理/个性的帮助需求	自信心的培养、提高心智发育水平、缓解逆反行为、克服羞怯心理、缓解孩子的焦虑、克服性格过于敏感问题、情绪的控制
对于生理健康的帮助需求	性别及身体发育教育、体育锻炼的指导、卫生保健指导、过敏体质的改善、儿童营养指导
对于心理/个性的帮助需求	自理能力的培养、家长如何与孩子沟通、养成制订并完成计划的习惯、时间意识和管理、建立遵守规则的意识、养成诚实守信的品格、学会尊重理解他人

在家长普遍焦虑的情况下，如何落实家长课程的各个主题？如何让家长不断更新自我教育观念，用正确的方法教育孩子？怎样尽力保证家庭与学校教育理念的一致性？要实现我们的教育理想，该如何设计更有效的实施途径？……我们不断拷问着自己的内心。由此，“家长沙龙”“家长论坛”“好老师进社区”“周末艺术课”“邻家孩子住家”等一系列与社区深度互动的教育活动和家长课程在大家三小的土地上生长起来了。

表 9-2　学校与社区深度互动的具体课程

年级	课程系列	时间	主讲人
一	新生家长会：大雁积极行为——建立遵守规则的意识＋小学生家长的角色定位＋小学生安全教育与自我保护家庭教育指导	7 月	学生部＋一年级级部＋海淀法院青少年法庭法官
	家长沙龙：我和孩子一起入学	9 月	家长＋教师
	家长讲座：学习兴趣激发与阅读习惯培养	11 月	刘翔平
	家长沙龙：我想和你做朋友——如何引导孩子正确交往	3 月	家长＋教师
	家长讲座：拖延症的纠正与自制力的培养	5 月	杨霞
二	家长讲座：校园常见问题处理、孩子意外伤害处理	9 月	海淀法院青少年法庭法官
	家长沙龙：接纳与欣赏	10 月	教师＋家长
	家长讲座：专注力与学习主动性的培养	12 月	教师＋家长
	家长讲座：学习兴趣激发与阅读习惯培养	4 月	刘翔平
	家长沙龙：我的孩子更自信	6 月	教师＋家长
三	家长讲座：卫生保健指导	10 月	教师＋家长
	家长沙龙：家长如何矫正孩子不良行为与学习习惯	11 月	家长＋教师
	家长讲座：如何克服以自我为中心	3 月	教师＋家长
	家长沙龙：情绪的控制	5 月	教师＋家长
四	家长讲座：阳光总在风雨后——家长如何帮助孩子学会坚强	10 月	教师＋家长
	家长沙龙：缓解叛逆行为	12 月	家长＋教师
	家长讲座：养成制订并完成计划的习惯	4 月	教师＋家长
	家长沙龙：解决言语暴力问题	6 月	教师＋家长
五	家长讲座：青春期的男孩、女孩	9 月	教师＋家长
	家长沙龙：缓解叛逆行为	11 月	家长＋教师
	家长讲座：如何提高孩子自主学习能力	3 月	教师＋家长
	家长沙龙：做更好的自己	5 月	教师＋家长
六	家长讲座：为初中做哪些准备	10 月	中学老师
	家长沙龙：正确对待孩子与异性交往	12 月	家长＋教师
	家长讲座：升学那点儿事	4 月	教委招生办

走入这些课程就会看到，我们通过多重渠道与家长共话，在合作与交流中增进彼此的理解并形成共识。共话家长关心、老师头疼的话题，共话家庭与学校以及社区的有效对接，共话社会热点问题，共话孩子持续发展……这些主题吸引了很多家长参与进来，学校由此变得柔软、有温度、可触摸，让社区乐于亲近。

一堂堂公益讲座、一节节真实的课程，缓解了家长的心理焦虑，提供了有效的教育方法和策略。家长沙龙每次活动时间长达两个小时，其中一个小时为专题讲座时间，一个小时为交流互动时间，学校会邀请各学科、各学段的优秀教师以及有经验的家长参与解答家长的疑问，与家长一起探讨教育问题。“会说话的‘小纸条’”“我想和你交朋友”“我为中学做准备”“‘爱动手’的孩子怎么办”等一个个鲜活的主题深受家长的喜爱。

家长沙龙现场

为了保持学校教育和家庭、社区教育的一致性，我们让家长沙龙的对话主题最大限度地和学校教师的研修内容保持一致。每次的话题我们都分成两个不同版本，一个是面对学校教师的研修版本，一个是面对家长的沙龙版本，我们力求通过这样的方式，使教师和家长的教育形成最大的优势互补。例如，针对成绩下滑的孩子、情绪不受控制的孩子、总认为别人在找自己麻烦的孩子的有效沟通等问题，班主任先是利用研修时间一起探讨，寻求方法，达成一致后，再邀请一些有方法的老师参与家长沙龙。下面是家长沙龙中老师和家长针对这些问题共同总结的一些实用的教育策略。

1. 面对成绩下滑的孩子的有效沟通：你对过去哪些时候的学习表现很满意（让孩子来找他自身的优势）？那时候你是怎么做到的？做了哪些努力？听起来你有不少好的学习方法，妈妈都帮你记下来了，我们看哪些可以继续坚持下去？你觉得妈妈或者老师可以从哪方面帮你？除了这些我还可以提供给你什么样的帮助吗？接下来你准备怎样做？我们来制定一个小目标吧。这些问题都是在引导孩子发现自身的优势，找到适合自己的学习方法。自我教育其实是教育的最高境界。

2. 面对情绪不受控制的孩子的有效沟通：用一个词来形容你现在的心情，为什么会有这样的心情？最近一次没有发生这种现象是在什么情况下呢？遇到这样的问题你曾做过什么事让心情好一些？你在以往是怎么做的，有没有成功经验？如果现在让你再处理这件事，你会怎么做？你为什么会有这样的转变？老师或者家长能为你做些什么？这些问题也是在帮助孩子发掘自身优势、更清晰地认识自我。

3. 面对总是认为别人在找自己麻烦的孩子的有效沟通：你现在可以用一个什么样的词来形容你的心情？你不希望老师或者同学这样对你，那么你希望他们怎样对你？你认为老师或者同学做出改变有多大可能？为什么你会这样认为？可否尝试一下自己做出一些和以往不一样的改变，看看有什么不同？如果你改变了，别人会怎样？你想做哪些方面的改变？这些都是在帮助孩子认识自我。

当我校教师研修获得的教育策略和让家长焦虑的教育问题在家长沙龙这个平台上实现最大限度的对接之时，广大家长的焦虑就会得到缓解。这样，教师与家长就能在第一时间获得彼此的理解与支持，并取得有效共识，这对协同开展教育、解决家庭教育矛盾起到了很好的作用。

二、家长志工：服务大家的孩子

三小的校园里有一道亮丽的风景线——“家长志工团”。

家长志工团结合学校各个部门的工作需求整合家长教育资源，建立资源库，支持学校教育，为协调家校关系、共同教育学生提供了强有力的资源支持，是家校共同发展的人员保障。

目前，我校的家长志工已达到600多名，他们全面参与了学校安全疏导、安全巡查、选修课教学、项目招标、资料翻译、校园文化建设、实践活动设计、好老师进社区等方方面面的工作，与学校教育资源有效互补，并深度参与学校各项教育设计，为学校工作建言献策。

与学校的其他组织一样，家长志工团成员的招募有着严格的工作流程：学校各个部门申报各自需要的家长志工岗位——结合需求招募家长志工——组建家长志工队伍——推选家校共同发展委员会委员——开展志工工作。

每天早上7:00—8:00，学校大门口就会出现一道亮丽的风景线——交通安全疏导员穿梭在车辆间，维持交通秩序，保护学生安全。这些安全疏导员正是我们的家长志工。每天有7位家长志工参与安全疏导服务，每周轮换一次。无论寒暑、不顾雨雪，他们与学校的保安共同建立起一道安全的屏障。

家长志工在校门口做交通疏导服务

每周这些家长志工都会把自己的观察及感悟写下来发给相关组织者，学校会以微信的形式提醒家长朋友们要注意的事项，同时也会在班会上提醒学生注意。

听，志工叔叔、阿姨这样说

同学们乘车时坐在主驾后面比较安全呦！

快下车前，同学们要做到三个一：衣服整理好、书包背好、等候志工叔叔、阿姨开门下车并道谢。

同学们在路口要看信号灯通行。没有信号灯时，要左右观察，没车时快速通过，不要在马路上斜穿猛跑。

到校门后，要主动和保安叔叔、值周生、值班老师打招呼问好，开启我们美好的一天！

按照规定，为了安全起见，未满12周岁的小同学不要骑车上路。

家长志工的身影也出现在我们一年级的校园探秘活动中。

一年级小豆包（我们对新生的爱称）对校园充满好奇，总想四处看看走走。为了一年级的小同学能更好地熟悉校园，我们一年级的第一次秋季实践活动就是“校园探秘”。学校比较大，教师不够，为了保证学生的安全，我们招募家长志工参与进来，和老师一起设计、组织这个活动。

“小豆包”校园探秘

活动结束后，家长志工留下了下面这段文字。

听，他们说……

三小2017级小豆包“校园探秘”侧记

2017年9月20日上午，三小2017级的小豆包们开启了“校园探秘”之旅。我们部分家长代表作为志工，有幸参与了这次活动的服务工作，在校园的每一个角落近距离地观察了小豆包们的校园生活，无意间聆听到了他们的许多对话……

“没呢，我们找人呢！”

三位小朋友手捧探秘地图，四处张望，缓步前行。值守在阳光大厅外的家长志工上前打招呼：

“小朋友，这里是阳光大厅，你们的通关贴贴了没？”

“没呢，我们找人呢！”

说罢，未做停留，他们又张望着走向校园深处。

原来，他们小组的一位组员在探秘过程中走散了，小豆包们显然已经把探秘这件大事抛诸脑后了，心心念念地要先把自己的组员找到。

这，是他们质朴的团队意识。

“起风了，你们把贴纸夹紧！”

一位小姑娘望着天，和身边的两位小伙伴说：“起风了，你们把贴纸夹紧！”并且示范了一下，把通关贴纸夹在探秘地图里，紧紧地捏了一下。（如果通关贴纸丢失，他们今天的探秘任务就没有完成凭证了。）

此刻，我也感受到了轻风拂动，微弱而真切，一如孩子们的感知力，机敏而富有联想。他们既能感受到温柔的风，又能想象到风会把他们的重要证件吹跑。

这，是他们敏锐的危机意识。

“组长，我帮你收着贴纸吧！”“我来看路吧！”

每个小组有不同的探秘模式。眼前这四五位小朋友采取的方式是：由组长带领大家先集中力量完成一张探秘地图的通关，其他人的地图在任务完成后进行COPY。

于是，组员们略显“无所事事”，便主动提出：

“组长，我帮你收着贴纸吧！”

“组长，我来看路吧！”

这下，每个人都有了重要任务，于是，大家愉快地向下一个目标进发。

这，是他们自发的分工意识。

“你可以带他们去找吗？”“可是……”

探秘时间即将结束，一队小朋友来到家长志工面前，焦急地求助：“阿姨，我们就差卫生室找不到了……那边的叔叔给我们指了方向，但是我们还是找不到……”

家长志工拦下了另一队小朋友，看到他们已经完成了所有关卡，便问其中一个小女孩：“你可以带他们去找吗？”

“可是……”小姑娘的脸上浮现出了为难的表情。

“时间不早啦，我们该回班了！”男队友在旁边喊了一声。

原来，是遵守秩序的意识和助人为乐的意愿在小姑娘的脑海里打架呢。

最后，小姑娘在队友们的催促声中，详细向另一队小朋友描述了路线，看到他们露出了醒悟的表情，才带着成就感转身，和队友们奔向集合地点。

这，是他们智慧的拒绝意识。

除了这些令人感动的片段，家长志工们还聆听到了孩子们欢快的“你们好”，有礼貌的“谢谢您”，学术范儿的“你刚才研究了它是蜜蜂还是马蜂吗？”……真是让人忍俊不禁啊。

看着这一群一年级的小豆包在操场上奔跑，在楼道里穿梭，在各个功能教室里探究，留给我们家长的，是他们来去如风的背影，是他们促膝交谈的身姿，是他们转身挥手的如花笑靥。

我们不舍，他们找到了父母怀抱以外的空间。我们欣喜，“大家三小”给了孩子们如此广阔的世界。

那么，亲爱的老师，孩子就拜托给您啦！

在三小，家长志工也经历了从“小我”到“大我”的成长过程。

起初，很多家长都是出于服务于本班、服务于自己孩子的“私心”参与公益活动的，但随着对学校理念了解的逐步深入，家长志工完成了从过去为自己的孩子服务，到为全校孩子服务的转变。

在“好老师进社区”的活动中，也活跃着家长志工的身影。他们充分发挥社区联络员的作用，与各个社区居委会确认活动场地、安排活动时间、张贴社区海报、安置座椅、调试电教设备、组织与管理现场参与活动的家长，大大提高了我们的工作效率，使得家长和老师能在相互认同度较高的环境里共同探讨教育问题。

随着家长对学校各项教育教学活动的深度参与，校园的围墙正一点点消融在周边居民的眼中，伴随着围墙一点点被打通，居民们看到了一个更加真实的校园、更加多元的教育。这一切迎来的，是家长对学校理念的认同、对教师工作的理解。教师、家长和社区居民共同成长，共同发展，共同创建绿色、可持续发展的和谐社会。

三、邻家孩子：扩大孩子的朋友圈

儿童最容易和谁成为伙伴？自然还是儿童。儿童最好的老师是谁？其实是儿童自己。年龄相仿的儿童很容易突破语言、种族、地域的限制成为

中德文化交流活动中的孩子们

朋友，并成为彼此最好的老师。他们一起玩耍、一起探究、一起交往的乐趣是成年人无法体会的，他们在玩耍中习得的知识甚至会多于教师传授的知识。

“邻家孩子”这一概念倡导家庭与家庭间、班级与班级间、学校与学校间、地区与地区间、国家与国家间合作共赢，强调教师和家长等成人超越种族、民族、宗教、经济、文化、地域等差异，视其他学校、地区、国家的孩子如同邻家的孩子，支持来自不同乡村、城市和国家的孩子一起玩耍，一起学习，一起成长。这样，我们这个世界现在和未来面临的问题，才有可能由这些孩子共同去解决。

邻家孩子团队的家长志工策划尝试一种新的陪伴模式，这便是结合小学课内的教学内容，设计一个学期的亲子陪伴活动课程。志工们在社区家长群中发布活动消息，家长和孩子一起报名参加，活动的模板和收获还会同步到网上供家长们学习和实践。

在这个过程中，有一些家长和孩子还收获了大把的粉丝，例如家长志工郑娟老师在首都博物馆担任志愿讲解员时，吸引了海淀、西城、丰台、东城的很多家庭参与。经过一年多的尝试，我们形成了系列博物馆课程、节日课程、天文课程、自然课程，等等。

表 9-3 “邻家孩子”北京气质系列课程

北京气质系列课程			类型	选课
一、辉煌的北京城	(一)北京建城史	1.1 青铜器上的燕蓟传奇	室外	
	(二)北京建都史	1.2.1 初为陪都——辽南京遗迹—天宁寺塔	室外	
		1.2.2 首为都城——金中都遗迹—莲花池	室外	
		1.2.3 大汗之城——元大都—北土城遗址	室外	
		1.2.4 天国帝都——明清北京城—紫禁城	室外	
	(三)兼容并蓄的北京城——多民族融合	1.3.1 契丹占据燕京——耶律家族	教室	
		1.3.2 女真入住北京——完颜家族	教室	
		1.3.3 蒙古创建大都——忽必烈	教室	
		1.3.4 永乐迁都北京	教室	
		1.3.5 清朝定鼎北京	教室	
	(四)天子之居——北京城	1.4.1 帝都龙脉——中轴线	室外	
		1.4.2 三头六臂哪吒城	室内	
		1.4.3 层层执卫的北京城	室外	
		1.4.4 皇家御苑颐和园之长廊彩画	室外	
		1.4.5 各领风骚几百年——历代帝王庙	室外	
二、京腔京韵话京俗	(一)北京的胡同	2.1.1 胡同的名称	室内	
		2.1.2 胡同的布局	室内	
	(二)北京的四合院	2.2 门墩、门簪、瓦当、门柱、影壁、砖雕、植物	室外	
	(三)老北京民俗	2.3.1 过年与节气	室内	
		2.3.2 出生、做寿、嫁娶	室内	
		2.3.3 老字号与北京小吃	室外	
	(四)北京城名人寻踪	2.4.1 鲁迅	室外	
		2.4.2 齐白石	室外	
		2.4.3 老舍	室外	
		2.4.4 梅兰芳	室外	
三、京津冀一体化	(一)万里河山有燕赵	3.1.1 荆轲刺秦、图穷匕见	舞台剧	
		3.1.2 赵武灵王胡服骑射、和氏璧、完璧归赵	舞台剧	
		3.1.3 将相和	舞台剧	
		3.1.4 秦昭王筑黄金台	舞台剧	
	(二)艺术与宗教	3.2.1 玉器、青铜、瓷器	室外	
		3.2.2 雕刻、寺庙	室外	
	(三)科学与技术	3.3.1 赵州桥	室内	
		3.3.2 通惠河	室外	

“邻家孩子”的一些活动发展成校际的交流活动，与周边学校一起共享三小资源，既增进了跨校友谊，也扩大了交流范围，共同拓展着儿童多元交往的文化。

四、家校事务协作中心：危机处理社区联动

每所学校都不可避免地会遭遇家校纠纷。如果沟通不当、专业知识不够，学校往往就会错过解决问题的最佳时机，也有可能被推到舆论的风口浪尖。为了及时、高效地服务于学校和家庭，第一时间向学校传递家长的声音，将矛盾解决在萌芽阶段，也为了向学校和家长提供必要的法律、心理、保险等方面的专业咨询服务，更好地化解家校矛盾，我们成立了家校事务协作中心。

家校事务协作中心服务周边 11 个社区，每个社区的家长都会自发组建 1 个社区群，便于彼此沟通。学校为了第一时间了解家长的声音，同时传递学校的一些理念，在每个社区招募 1 名家长志工作为社区联络员，组建社区联络志工群，负责对接社区居委会、物业，同时联络社区群中的家长。

家校事务协作中心与社区联络员进行即时沟通，并建立起危机处理社区联动机制。这一机制使得家校之间的事务得到了及时有效的沟通与协调，使信息交流变得公开、透明、迅速、畅通、准确，促进了事情的圆满解决。

家校事务协作中心充分发挥了家长志工的作用，我们的联络员中有律师、保险从业人员、心理专家、质监部门专家、医生……不同职业的家长志工可以充分发挥自己专业领域的特长，协助学校快速、高效、正确地处理家校事务。

由于社会对教育的极大关注，家校间的任何问题都有上升为群体事件的风险。2016 年 6 月，北京一所学校的“毒操场事件”引发社会关注，没想到此事也波及我校。由于我校刚刚翻修了小操场，不少家长担心我校也使用了有毒材料，开始在社区群里议论纷纷。社区群原本只有 200 多位家长在里

面交流，引入这个话题后，群成员迅速从200人增加到500人。群内的社区联络员很快便发现了这一现象，并第一时间与学校沟通。

学校得知消息后非常重视，立即启动了家校事务协作中心的有关协调机制，协调厂家、质监部门、教委相关科室、家校共同发展委员会委员等相关方参与进来，邀请社区群的群主、家长代表一起现场勘查。当家长走进学校，亲眼看到草坪材质，又通过摸、嗅、踩等方式感受草坪质地，发现情况与他们想象的并不一样时，才稍稍心安一些。接下来，学校安排各方代表一起聆听了质监部门的报告，报告对操场建造的每一项指标都进行了详细清晰的解读，让家长又放松一些。为彻底打消家长的疑虑，学校同时邀请了另外一家质监公司现场采集样本进行检测。

多方共同商讨后，确定了解决方案：首先，暂停使用小操场一个月，学生回到大操场活动，一个月后便是暑假，放假前学生都不会接触这个操场。其次，学生可以自行到医院体检，若有不良症状出现，可联系医生志工做相应处理，并上报学校记录。最后，关闭临近小操场的教室门窗，室内全天开启空气净化器。这一系列措施终于让家长们放下了悬着的心。

在这件事的处理过程中，社区联络员很好地发挥了桥梁作用，把家长的声音及时传递给学校，学校得以了解家长的动态，并据此随时调整工作步骤。“小操场事件”的平稳解决，成为学校与社区间紧急联动的经典案例。

第四节　打开的校门

我们重新定位学校和社区的关系，促成了社区最大限度地参与学校教育，激发了每个家庭对教育的参与热情，全方位发现了学习的乐趣。

换一个视角，一切自然不同了。

打开校门，让学校站在社区中，我们发现学校、家庭、社会融为一体，达到了“学习即生活”的理想状态；让学校站在社区中，我们发现学校与家庭深入互联，彼此了解，形成了教育共同体；让学校站在社区中，我们发现资源得到了共享，学校反哺社区，提升了区域人口的整体素质，学校成为社区的“庙堂”，成为沟通家庭、社区、社会的桥梁。

一、“走出去”的“好老师进社区”

教育的成功不是只靠学校一方单打独斗就能实现的，它需要学校、家庭乃至社区共同创造出适宜的教育生态环境，因此，我们将思考前移，将解决问题的方法与思维方式前移至社区。我们做了一个开放的决定——走出去，让老师主动走进社区，与家长和社区深入沟通，尽最大可能协同解决好学生入学后的各种家庭教育问题，让教育更加务实。

2017 年 3 月，“好老师进社区”公益行动启动。这也是大家三小的老师首次走出校园，拉开了公益之旅的序幕。

“好老师进社区”走进海淀区检察院

1. 转变引领方式，从点对点到点对面

在传统校园中，老师和家长的沟通通常是点对点的线状沟通。而老师走入社区时，老师和家长的沟通方式则扩大为点对面的沟通。这时，家长群体变得更加多元，活动上不但有本校家长、外校家长，甚至有外区家长；家长类型也更加丰富，不但有小学生家长，还有学龄前孩子的家长，甚至有准备做妈妈的家长。学校在解答家长疑问的同时，也在社区营造了一种协同教育的积极氛围，并通过多元的家长群不断向外辐射，真正实现了学校引领社会的教育愿景。

那么我们到底是如何做的呢?

在试水阶段，我们安排 21 位老师、6 名家长志工同时走进 3 个社区与家长交流，包括 15 分钟的专题微讲座和 90 分钟的互动。对于家长提出的每一个问题，老师都会用心解答。很快，好老师进社区的活动通过口口相传迅速传开，所到之处几乎场场爆满。

家长们的热情令老师既吃惊又感动。一位妈妈抱着 2 岁大的小宝宝来参加活动，因为怕打扰其他家长，她抱着孩子在门口站了一个半小时；一位 70 多岁满头白发的大爷在国防大学社区没有报上名，硬是追到了碧水云天社区，就是为了听一位老师解答问题；在海淀医院社区，医生们利用仅有的中午休息时间，捧着饭盒，边吃饭边向老师提问；甚至还有家长从朝阳等其他区赶来，提出各种教育问题。

过去，因为“校园围墙”的存在，家校沟通不得不局限在很小的范围内。现在，无形的围墙被打开，学校和社区间形成了一种互动浪潮，其影响力和带动性远大于过去点对点的个人力量。

2. 转变服务方式，增强服务意识

在我们的“好老师进社区”活动中，老师转变身份和角色，主动进入社区，向社区居民宣讲学校的理念，澄清一些无端的揣测和谣言，带动家长转

变教育观念，与家长一同学习，实现共进共赢的目标。

为了让走进社区的活动更具有针对性，我们深入家长群，通过问卷调查，汇总了上百条家长反映的迫切问题。

1. 目前的小升初政策如何？

2. 幼儿园如何与小学衔接？

3. 如何平衡课外兴趣班和学校课程？

4. 怎么解决孩子上课不遵守纪律的问题？

5. 辅导孩子写作业的时候如何让孩子能够认真安心地做完？

6. 听说三小作业多、压力大，是真的吗？三小的学生小升初大多进了哪些初中？

7. 怎样成为孩子的好朋友？

8. 孩子对家长说的话选择性搭理，有的时候家长说的话孩子不愿意去做就假装没听见，怎么办？

9. 孩子到底用不用上学前班？

10. 如何能让孩子主动学习？如何提高孩子写作业的速度？

…………

不难看出，家长们最关心的问题往往都是当下社会热门问题的集中反映。为了解答这些困惑，我们安排了各个方面的老师参与问答。他们是老师，也是家长。在每场活动中，老师运用自己的专业知识和宝贵的教育经验，或分享育儿方法，或针对具体情况提供建议，坦诚地与家长交流。例如，“今天我们如何当家长”这个话题，不仅仅是家长，也是学校、社区和老师都要回答的问题。家庭教育与学校教育从来都不是相互对立的，而是相互补充、相互完善的。

坦诚面对家长的同时，老师还发现并澄清了很多“谣言”。“老师，新生进三小，是不是要先学会拼音，认识3000个字？”“老师，孩子入学怎样才能分到实验班？”在这样的面对面交流中，我们明确地告诉家长，三小是零基础教学，根本没有实验班、普通班之分。积极良性的互动增加了家校间的信任。

3. 转变家庭教育观念，从零陪伴到成为教育主导

“好老师进社区”的活动让我们收获了很多家长粉丝，有的家长甚至追着听了6场讲座。在持续的交流中，家长的教育理念和学校的教育理念不断碰撞与融合，最终形成了共同的育人目标。

令老师欣慰的是家长的变化。一位家长与老师深入交流后，从最初一口气给孩子报了8个课外班，慢慢减少到了5个。她也开始学习管理自己的情绪，与孩子的交流也变得通畅起来。老师都说：“家长也成长了。”

老师在走进社区解决家长问题的同时，感觉自己的专业性也受到了挑战，来自四面八方的教育问题让老师产生了与家长一道再学习的需求和动力。

目前，“好老师进社区”已成为常态活动，而家长对老师这项走出去的活动也有诸多期待，这成为我们改进工作的重要依据。

1. 作为家长，我们非常希望了解应该如何应对孩子成长、学习过程中出现问题，如何与孩子共同改进。希望能够多一些渠道与老师、学校沟通，及时调整针对孩子不同年龄、不同时期出现问题的应对策略。

2. 希望“好老师进社区”多一些亲子教育、与孩子有效沟通、培养孩子自主学习习惯、帮助孩子选择社团等方面的问题。

3. 希望老师能够留下微信和电话，最好建立一个长期沟通的渠道，方便进一步沟通。

4. 建议报名的时候就把主题写出来，让家长可以有更多的选择。

5. 喜欢这个平台，希望活动能涉及更多主题，可以定期举办，分年龄

更好。

6. 建议针对学前小朋友开办活动，使家长和小朋友能更早做准备、更好地适应学校生活。

7. 建议定期组织这样的活动，及时交流、及时解决家长的疑惑。建议延长活动时间，多给家长留出提问的时间，多听听家长想了解什么。

结合家长的建议，我们不断调整活动计划和内容。

1. 好老师进社区是公益性质的系列活动，每个学期我们都会集中组织一季若干场。

2. 活动分主题、分年龄段开展。

3. 建立“家校直通车”，适时解答家长的疑问和困惑。

4. 将老师分享的内容做成系列报道，让更多的家长受益。

家长是孩子的第一任教师，更是孩子的终身教师；家庭是孩子的第一所学校，更是孩子的终身学校。好老师进社区，就是要走进家长，与家长零距离沟通，帮助家长形成正确的教育观念，获得积极有益的教育方法，也是传递学校声音、倾听家长建议、共同营造良好育人环境的举措。好老师、好孩子、好家长就是这样共同成长起来的。

二、“请进来”的周末艺术课

我们认为，教育共同体中的每一位成员都有机会或可能成为知识、技能的传播者和接受者。因此，我们除了“走出去”，还将居民“请进来”。这便是运行 3 年之久的“周末艺术课”。我们通过邀请居民进入学校，回归课堂，实现学校对社区的反哺，实现教育资源的共享，实现知识、文化的再次传播乃至多次传播。

1. 转变学校运营理念，从办一所好学校到承担学校的社会责任

办学成绩好、学生综合素质高、教师水平高，是衡量一所优秀学校的尺子。不可否认，三小是一所家长和学生眼中的好学校，这种“好”，来自多年来三小教师在提高教学水平上下的功夫，也来自学校对社区的反哺，来自学校承担的社会责任。

从 2015 年至今，有一门向社会开放的公益课程我们坚持了 3 年之久，这便是周末艺术课。

每隔两周的周五下午或晚上，我们会邀请学校的老师和社会上的艺术团体来学校表演、授课，而授课的对象则是社区里对艺术感兴趣的家长和学生。

这项公益活动开始于 2015 年，当时学校组织了一场艺术活动，在活动中老师们发现，一部分孩子不懂欣赏艺术的礼仪，在演出的过程中满场乱跑，还随意乱丢垃圾。因此，老师们觉得在对学生开展艺术教育的同时，有必要教会学生艺术欣赏的基本礼仪，塑造他们良好的人文修养。

而要实现这一教育目标，就要让我们的家庭参与进来，让学校和社区共同面对。

设计老师经过研究决定，利用周五的时间推出周末艺术课，引入多种艺术形式，培养学生艺术欣赏能力与人文修养。3 位艺术老师义务承担起这项工作。从学期之初，她们就精心挑选演出内容，向社会上的艺术团体发出邀请，制作校园宣传海报，安排校园安保，制定紧急预案，联系演出前的彩排，甚至还要审核每一个演出团体的教案。这是一门真正的课程，并不是单纯的演出。同时，作为公益课程，周末艺术课还向社会开放。老师们把互联网技术也用在了课程上，每期课提前在学校微信上发布预告，采用抢票的方式 发放听课名额。往往一次课放出 300 张票，很快就被抢夺一空。

在课程实施的过程中，也有人担心大量的社区居民进入校园会影响学校安全。但是，站在学生发展的角度看，周末艺术课也为社区了解学校打开了

一扇窗。家长们进入校园，和孩子们一同上课，能够更好地了解这所学校，与学校形成共同的教育认知，增进彼此的亲近感，这也是学校承担社会责任的体现，是学校该有的担当。

2. 转变教育模式，从影响儿童到影响家庭

从第一堂周末艺术课诞生起，我们便采用了“家长＋孩子”的模式，要求家长必须陪伴孩子一起听课。因为教育不止于教会孩子，更要教会家长。家长们日日陪伴着孩子，他们的言传身教更为重要。

“大家三小的孩子是怎么听音乐的？”这是每场演出前必不可少的环节。为了培养孩子们的人文修养，每场活动之前，老师们都会反复宣讲基本的欣赏礼仪：手机调成静音、不交头接耳、节目结束时鼓掌……不厌其烦，始终坚持。

几次课后，学生们变得安静下来，家长们也很自律，让自己成为孩子的榜样。音乐会上再也没有乱跑吵闹的孩子了，甚至有次去中山音乐堂演出时，老师们将音乐厅礼仪印在了节目单的背面，小小的细节得到了艺术家们的赞赏。

2017 年 7 月 6 日，我们邀请了海淀区万柳周边 11 个社区的 1500 多名居民来新校区体育馆欣赏满天星交响乐团带来的公益交响音乐会。这也是三小第一次如此大规模地邀请社区居民进入校园。千余人的场地，依然能够保持安静、整洁。每个节目结束时，家长和孩子都会适时地热烈鼓掌。整齐、有序、安静，社区居民们共同创造了一个良好的演出环境。这便是 3 年来周末艺术课对社区居民素质的培养，也是社区居民之间彼此影响、学习的结果。

三小是一所不断开放的学校，鼓励用艺术打开学校的大门。3 年时间，30 场演出，近 18000 人次观看，涉及舞台剧、音乐剧、音乐会、舞蹈、版画等多种艺术形式。老师和艺术团体在孩子们心中播下了艺术的种子，帮助孩

满天星交响乐团走进周末艺术课和 1500 位社区代表共度“消夏之夜”

子们打开了艺术之门，也培养了家长的艺术修养。

家长课程、好老师进社区、周末艺术课等一系列“走出去”与“请进来”的教育活动，都是学校用不同方式营造可持续发展的教育生态环境所做出的尝试。所有这些努力，都是为了让家长和学生能够站得更高、望得更远，每一天都能对自己、学校和社区充满自豪和感恩。

第十章

充满成长机会的博物馆：创造更多可能

“面向未来，重塑学校”的创新实践，是一场教育理念、教与学的组织形式、空间结构等全方位的结构性、系统性和整体性的变革。

这场变革，超越了传统班级授课制和分科教学的局限；超越了单一固化的教学空间，多样可组合的环境为师生的学习提供了最大的便利；超越了上百年来单一功能的学校建筑和固化的设计模式，实现了学校空间与育人过程的完美结合。一系列创造性实践，带来了多维、多元、积极的学习关系，带来了更加开放的学习环境、更加开放的教育理念，让学习更加真实地发生在校园的每一个角落，让学校成为充满成长机会的博物馆。

第一节　重构学习关系

生态大课程的实践体系，使我们突破了传统班级授课制和分科教学的局限，形成了更能支持学生进行真实学习的场域和环境。在生态大课程的三个层级中，基础层课程内部融合的项目学习涉及语文、数学、英语、科学和人文等学科，共计 40 多个项目；拓展层课程形成班组群跨学科教学的典型案例近 30 个；开放层课程建成了基于真实问题探究的项目库 50 多个。

真实且富有挑战性的分科学习、班组群内的跨龄学习，以及跨学科的项目研究等多样性的学习内容和方式，激发了每一个学生的探索和创造精神，积淀了学生面向未来的核心素养。学生自主开设的社团有 60 多个、项目团队有 100 多个，从一个侧面反映出学生积极主动学习的状态。

在围绕“哪几款老游戏会在三小复活”“共享单车的利弊与有效管理”“如何让人民币成为‘一带一路’国家的结算货币”等近400个热点问题的研究中，学生表现出了较强的社会参与意识、浓厚的好奇心和探究欲，提高了动手实践、发现和创造性解决问题的能力。毕业年级的学生聚焦历史文化、社会科学、艺术、信息技术、生态文明等8个领域进行研究，每年都能完成300多篇毕业论文，毕业论文答辩还由中国教育新闻网进行现场直播，在线观看人数达24000人次。

第二节　教师成为课程领导者

经过一系列整体改变，我们的教师也喜欢上了学术分享和日常教育实践的行动研究，研究课题涵盖课程、教学、学校发展诸多方面。在课程与教学方面，全校有超过200名教师参与到37个项目研究小组之中。在学校发展的不同阶段，先后有170余名教师参与到学校五大职能部门的77个项目研究之中。

在近5年的时间里，在学校年度发展论坛、校区例会、对外交流等活动中进行过分享的教师总计600余人次，教师的科研意识和研究能力逐年提高。目前，我校承担了中国教育学会课题2项、北京市市级课题6项、海淀区“十二五”和“十三五”规划课题20项，并成功申报了中国教育学会“十三五”教育科研规划重点课题。学校丰富的改革实践激发了教师的研究热情，提升了教师的研究能力，同时也不断积累并形成了丰硕的教育成果。在对我校教师2003—2017年发表的文章数量进行统计时我们发现，2013年之前我校教师只发表了16篇文章，而2013年至今已经发表了325篇之多（如图10-1所示）。

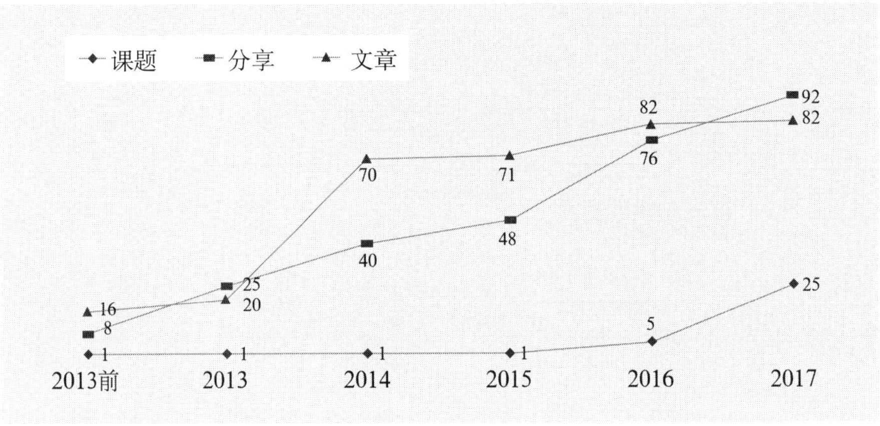

图 10-1　2013—2017 年我校教师课题、分享、发表文章数量统计

2017 年，我们又启动了“现代学校创新行动激励计划”，教师几乎人人都有参与，形成的创新行动案例分为真实的学习课程创新、教与学的方式创新、空间资源对教与学的支持创新、现代学校管理与运行创新 4 个维度，形成了共计 124 个案例（详见表 10-1）。这从一个侧面也说明，在这些年的变革实践之中，教师自身获得了充分的发展。

表 10-1　2017 年现代学校创新行动激励计划案例

类别	名称	内容	数量（项）
A	真实的学习课程创新	项目学习、组群大课、表现性评价	42
B	教与学的方式创新	基于学科教学的策略、经验和模型，有问题、有互动，鲜明的特色和风格	39
C	空间资源对教与学的支持创新	部门协同、课程支持、班级管理与班级生活	21
D	现代学校管理与运行创新	级部、校中校、教研组、班组群、班级生活、矩阵协同管理	22

第三节　共进共赢的学校发展生态

通过“走出去”与“请进来”，学校和家庭、社区之间形成了良性互动、共进共赢的教育生态环境。2012 年启动的“家长志工”“家长开放日”项目，先后有近万人次的家长参与；2015 年开始的“周末艺术课”，已开设 39 场，有近 20000 人次参与；2016 年开启的“邻家孩子”游学课程，已经辐射 13 所学校，近 2000 名学生受益；“好老师进社区”公益行动至今，已有 35 名优秀教师走进学校附近的 21 个社区、单位，约 1400 人次参与。

健全的机制、完善的家校共同体使家长对学校的满意度逐年上升，投诉率呈显著下降趋势。2013—2017 年，家校矛盾案例数量从 19 次降低到 7 次，降低了 63.16%。其中，2016 学年度实现了零投诉。对于我们这个超大规模的学校而言，这些数据进一步增强了我们建设教育共同体的信心。

第四节　多维变革积淀成长动力

北京市海淀区教委每年都会委托第三方测评机构，对每一所学校进行社会满意度调查和七年级学生学业发展水平调研，这些调查和调研从另一个角度帮助我们审视自身的成长状况，为我们改进工作提供了参考。

一、学校满意度调查

在对学校进行社会满意度的调查过程中，教师、家长和学生都要参与填写调查问卷。在对结果进行统计与处理之后，海淀区教委将调研数据反馈给学校，作为学校进一步发展的重要参考。下面我们以 2014—2016 年的调查为例加以说明。

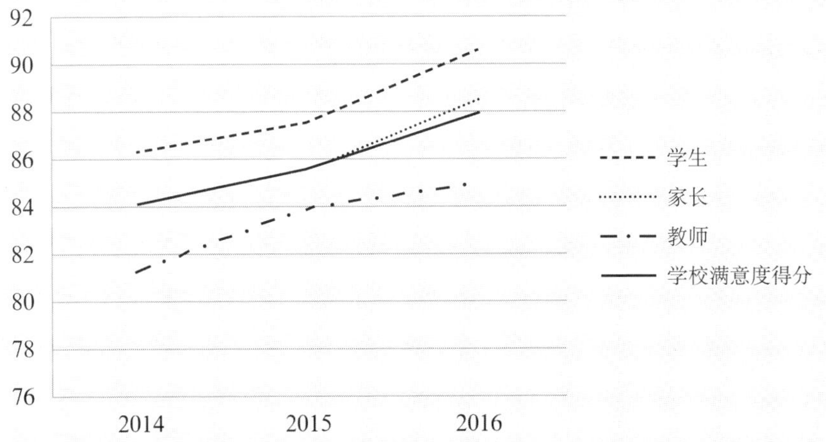

图 10-2　2014—2016 学年度学校满意度调查

从图 10-2 中可以明显看出，无论是教师、学生还是家长，对学校的满意度都在逐年提升。

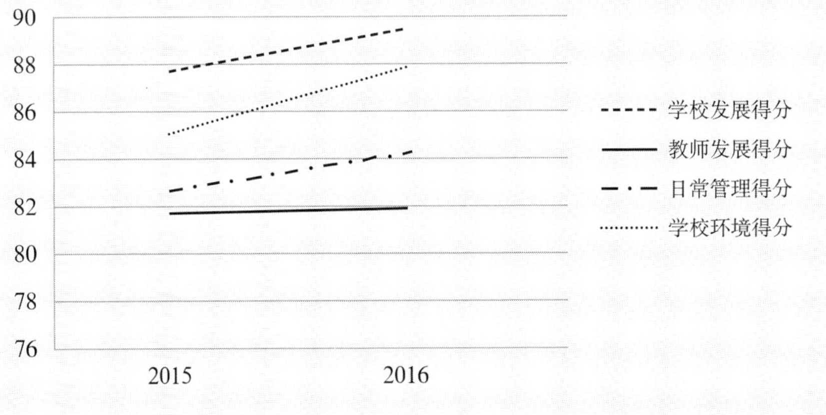

图 10-3　教师群体对学校满意度一级指标得分情况

从图 10-3 中可以看出，教师群体在学校发展、教师发展、日常管理和学校环境方面的认可度都在不断地提高。其中，教师发展方面的得分告诉我们，教师对个人发展还有更加深入或个性化的需求，这也是我们今后努力的方向。

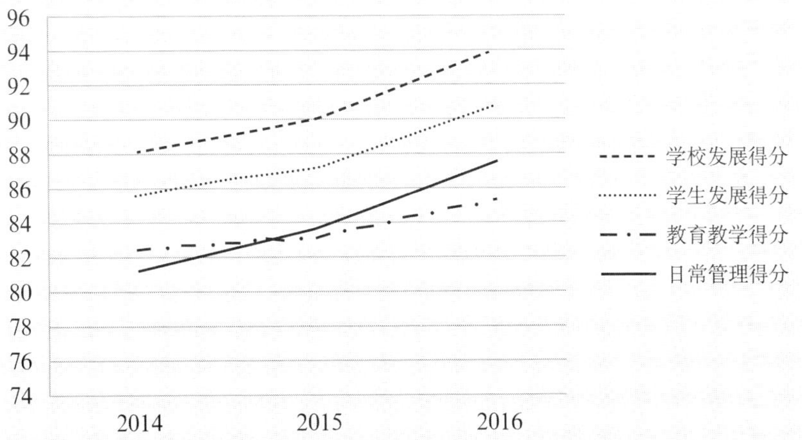

图 10-4　家长群体对学校满意度一级指标得分情况

从图 10-4 中可以看出，家长对学校发展、学生发展、教育教学和日常管理方面的满意度都有了非常大的提升。

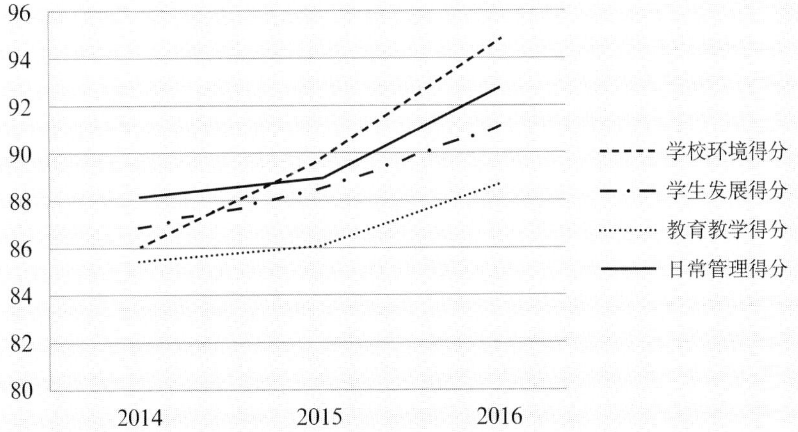

图 10-5　学生群体对学校满意度一级指标得分情况

而对学校认可度最高、对学校认可度提升最快的就是学生，对于学校变革，学生也是最有发言权的。从图 10-5 中可以看出，在学校环境、学生发展、教育教学和日常管理方面，学生都表现出了特别高的满意度，特别是对学校环境的变化尤其满意，说明了以空间为支点，以班组群、校中校为新型教育组织形式的探索取得了很好的实践效果。

以上数据体现了一个总体的特点，那就是学校满意度的总体状况在不断提升，但 2015—2016 年之间尤其明显，这与我们正式进入新校区，启动班组群、校中校的变革是分不开的。搬入新校区之后，学生生活在“三室一厅”的“家”中，沉浸在生态大课程之中，感受着真实的学习，因此，学生对学校的满意度在学校环境、学生发展、教育教学、日常管理方面都实现了更大幅度的提升。

二、七年级学生学业发展水平调研中的学生表现

每年，海淀区教委都要对刚入初中的七年级学生进行一次学业发展水平调研，在九年级毕业时再进行一次调研，以便科学评估学生小学六年和初中三年的发展水平与状况。

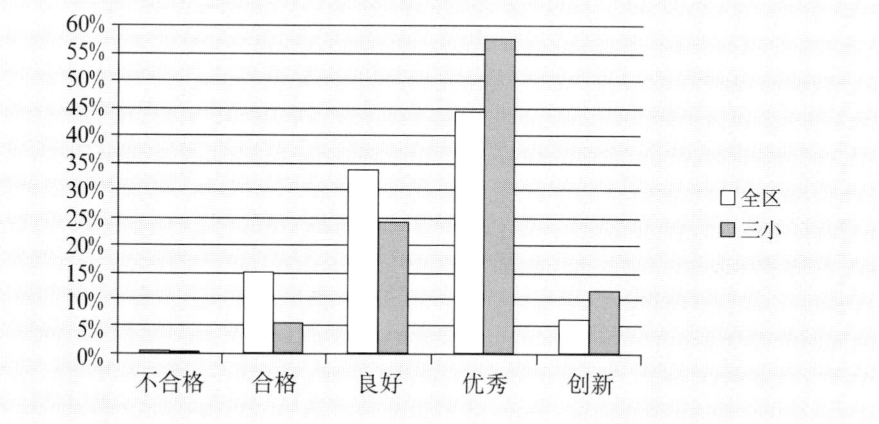

图 10-6　2017 年学生语文学业发展水平统计百分比

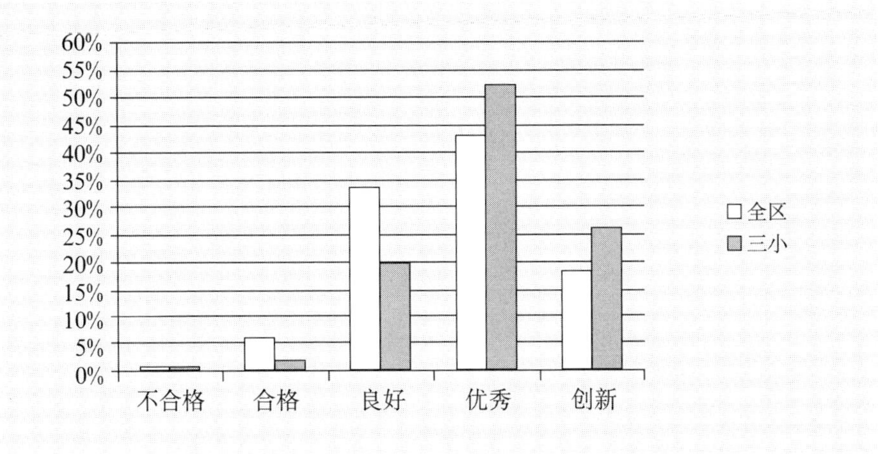

图 10-7 2017 年学生数学学业发展水平统计百分比

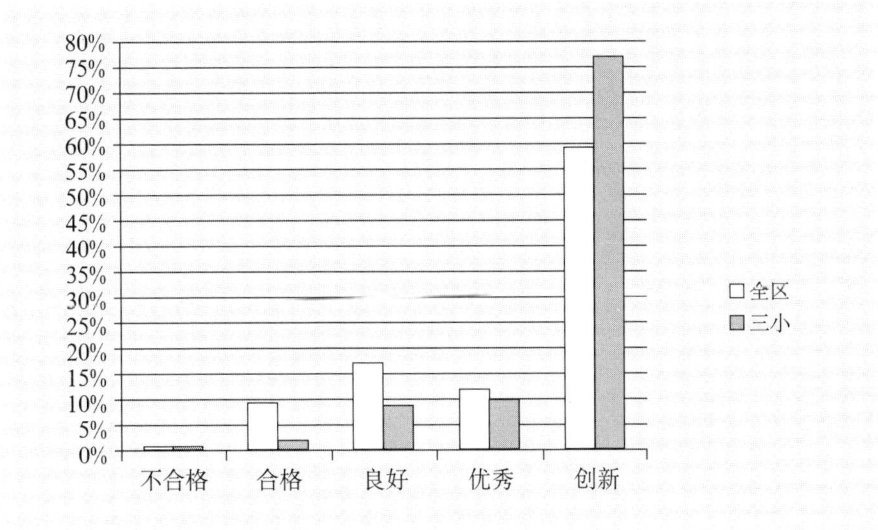

图 10-8 2017 年学生英语学业发展水平统计百分比

从 2017 年海淀区七年级学生学业发展水平调研的数据统计可以看出，三小的学生在创新和优秀水平方面表现得尤为突出，语文的创新率达到了 11.99%，优秀率达到了 57.47%；数学的创新率达到了 25.90%，优秀率达到了 52.38%；英语的创新率达到了 77.55%，优秀率达到了 10.54%。

这份由海淀区教委提供的调研数据很好地印证了我们通过生态大课程实践体系的构建，展开真实的学习的探索，对学生的综合素养起到了很好的促进作用。

从学校满意度和七年级学生学业发展水平调研数据的变化中，我们从另一个角度看到了学校的成长。更重要的是，这些数据的变化坚定了我们继续变革的决心，让我们再次坚定这样一个信念：所有的努力，都是为了看到教育的美好。为了学生、教师和家长一点一滴的变化，我们付出再多的努力都是值得的。

第五节　比肩同行，共创新时代好学校

通过 6 年的实践，我们探索了面向未来的学校的建筑模型，为我国学校建设提供了前瞻性的支持样板。空间多变、功能多样、开放共享已经成为我们探索学校建筑空间的价值定位，我们也在实践着这样的追求。

2012 年开始设计新校区建设方案至今，我校应邀在不同学术场合和教育行政部门组织的学校建设会议上分享，前来访问和交流的各界人士来自世界各地。据不完全统计，仅 2016 年 3 月新校区正式启用至今，我们累计接待了 16647 人次的参观学习，来访者不仅有来自 1000 多所学校的教育管理者和教师，还有建筑设计师、创新企业工作人员等跨界人士，覆盖全国所有省市（包括港澳台地区），以及日本、芬兰、德国、法国、澳大利亚、美国等国家，推动了面向未来的学校教育空间的创新实践。

我校的整体变革也受到了社会和媒体的广泛关注。从 2013 年开始，我校连续举办了 6 届小学教育国际会议，召开了 30 多场教育改革研讨会，总计超过上万人次参与；2016 年 9 月 27 日，我校召开了有 40 余家媒体参加的学校改革成果发布会，全面介绍了学校的改革实践和成功经验。新华社、中央电视台、《人民日报》《光明日报》《中国教育报》《中国教师报》等进行了

大幅报道。

我校还成为多个方面的全国性培训基地和研修基地。例如，成为教育部小学校长培训中心校长培养基地、教育部基础教育课程教材发展中心“全国课程改革骨干教师研修基地”、教育部名校长领航工程实践基地、北京市名校长发展工程培养基地等。来自全国各地的校长和老师经过学习考察，得以从不同方面学习并实践我校变革的理念和成果。“班组群”“生态大课程”“现代学校治理”等学校变革的创新成果，先后在一些地区和学校得到了成功推广与应用。

面对更加多元、复杂的教育情景，面对以超出人们想象的速度发展的科学技术，人们学习、工作和生活的方式时时都在发生变化。面对更加个性化的学生，学校教育的挑战会越来越大，学校面临的问题也会越来越多。这些都决定了一所学校进行变革创新的迫切性。未来的中国将在世界上扮演更重要的角色，我们唯有与一大批好学校结成伙伴，比肩同行，才能融通中外先进的办学思想，创造富有中国智慧和中国经验的中国教育，培育植根于中国文化、具有创新精神和全球视野、能够担负起中华民族伟大复兴重任的一代新人。

这是我们的初心，更是我们持续前行的动力。

结语

Epilogue

6 年的变革，我们一路走来，经历了憧憬、希望、困惑、迷茫、犹豫、坚持……当听到师生共同生长的拔节声时，当看到不懈努力带来的师生生活状态的巨大改变时，当感受到未来的气息扑面而来时，我们真切地体会到了教育的美好，感觉所有的付出都是值得的。

回归学校、回归生活、回归儿童本来的模样、回归真实的学习，才是教育原本的模样。这种最朴素的追求，让我们静下心来，全身心地投入这场静悄悄的变革之中。

回望变革的整个历程，我们所有的努力，主要是为了实现以下几个方面的突破与创新。

一、面向未来的学校变革是中国情境下学校价值理念与实践的创新和发展。面向未来的学校变革，并非一场有现成经验指导的实践活动，相反，它是我们在对中国社会现实和中国学校使命深刻思考后，进行的一系列学校价值与实践双重变革的尝试。有时是“摸着石头过河”，有时“连石头在哪里都不知道”，就是凭着信念和毅力，走上变革的旅程。“三小改革的可贵之处在于实现了工具理性与价值理性的统一，基于价值目标，对固有的模式进行了大胆的突破。”[①] 这场变革不仅重新定义了面向未来的学校，也丰富着教与学的内涵和外延，在具体办学情境下理论结合实际，创造性地解决问题，创新教育组织形式，解放教育生产力，改造学校育人实践，升华学校治理理论。

二、大胆革新班级授课制，根据学生成长发展规律和教与学的需要，创建班组群这一全新的教育组织形式，解放了教育生产力，极大地促进了教师的专业发展，提升了学生的创新实践能力与合作能力。“‘班组群’学习模式不只是一种班级组织形式的变化，还是一种教育理念的变革、培养方式的转变。”[②]

三、将各学科的内容与真实世界的学习和实践研究有机融合于国家课程中，构建了生态大课程的实践体系，最大限度地促进了学习的真实发生。跨学科的综合学习正在成为学生学习的“正餐”，学生核心素养的发展渗透于学习的全过程。

四、学校的空间设计超越了上百年来学校建筑的单一功能和固化模式，通过各种空间资源的重组，创造性地将学校空间与育人过程相结合，促进了各种新型教育关系的建立，也为未来的学校建设提供了一个空间构建的经典案例。

五、突破单一的家校合作关系，构建学校、家长、社区协同育人的教育生态。学校构建的开放的组织形态，为学校的多元主体共治提供了有效的路径，形成了教育共同体各成员共同参与学校治理的教育理念。

如果说我们在上述几个方面实现了一定程度的突破和创新的话，众多变革实践也告诉我们，从组织形态的变革到育人效果的达成，是一个不断解决

① 陶西平. 面向未来的主张和行动［J］. 中小学管理，2016（11）：59.

② 顾明远. 找到撬动变革的支点［N］. 中国教师报，2017-03-01（1）.

现实问题的过程。这个过程是教育价值理念在实践中不断清晰、不断生长的过程，也是实践不断滋养、丰满理论的过程，是一场深度的、持久的变革。

随着变革的不断推进，我们将面临诸多考验：面对更加开放的学习和学生，教师的挑战会越来越大；生态大课程需要进一步完善，特别是课程评价需要基于实证的专业设计，以促进真实的学习的发生；面对未来社会和人工智能的快速发展，班组群不仅需要从物理空间上打破学习的壁垒，更要加快向数字化立体教育空间延展；未来，随着不断输出改革的经验或做法，我们也将面临更加复杂、多元的教育情境和现实语境，变革的复杂性也越来越大。

面向未来的学校变革没有终点，探索教育创新的中国经验没有止境。不忘初心，砥砺前行，我们永远在路上。

后记

Postscript

种下一颗梦想，用尽全力去实现。

2012 年 12 月 26 日，

就在脚下这片当时还满是砂石、泥土与瓦砾的土地上，

我们一起种下了一颗平凡而坚定的梦想——建一所真正面向未来的学校。

我们的新校区奠基了，

我们都记得，那天，冬日的阳光特别明媚。

在此后的 1100 多个日日夜夜里，

梦想的样子一步一步向我们走来，新校区一点儿一点儿生长出来。

我们用深度参与，见证了她生长的每一个脚步，

直到她“立”在这里。

2016 年 2 月，我们搬新家了。

孩子、老师、家长，都在说着同样的一句话：

这里，我喜欢。

但是我们深知，要想建一所真正面向未来的学校，让这里真正成为一个处处充满成长机会的博物馆，

一切才刚刚开始。

在此后的600多个日日夜夜里，每一位老师，都在坚守我们的教育梦想，用宽广的视野、坚实的行动，带着孩子触摸未来。

班组群、项目学习、空间再造、多元教育关系、真实的学习、组群大课、积极行为、课程重构、组织变革……

就这样，梦想渐渐可见。

今天，2017年12月26日，整整5年了，我们从来没有像今天这样明确而坚定我们的教育梦想。

种下一颗梦想，我们以不懈的努力推动、表达教育美好的价值与力量。

本期感动三小人物，就是在座的全体同人——我们每一位教育追梦者！

以上是我校池昌斌老师为2017年12月26日三小新校区的校区例会上“感动三小人物”评选活动所创作的颁奖词，由高慧文、任平、赵海军和王津4位老师倾情朗诵。这首小诗引起了所有人的共鸣，因为所有人都是这场教育变革的亲历者。

2012年12月26日，三小的新校区破土施工。有学者曾说：“别的学校都是先有学校，再有校长和老师；而三小，是先有校长，先有老师，先有理念，再有学校。”感谢北京市和海淀区的领导，放心地让我们这一群不懂什么是“基建”的老师参与新校区的工程建设，耐心地聆听我们的需求，因为他们已经超前一步看到，这所学校是“为孩子们建的学校”，是“一所面向未来的学校”。于是，1000多个日日夜夜，我们与设计师一起磨合、探讨，与老师一起模拟、实践，我们的学校才有了今天的模样。

感谢美国三桥规划和建筑咨询公司（Bridge 3 Planning and Architecture Consulting Ltd）的艾伦•瓦沙秋（Allen Washatko）、埃里克•汉考克（Erik Hancock）、伊桑•巴托斯（Ethan Bartos）、艾琳•劳伦斯（Erin Lawrence）、汤姆•库巴拉（Tom Kubala），是你们让一个个不成熟的想法立体地呈现在我们眼前，是你们提供了非常好的建议，打开了我们的视野，让我们学校变得如此迷人。感谢美国威斯康星大学终身教授梁国立博士，从方案的设计到落实，从物理空间建设到课程建设，从班组群到校园文化，从每一个标识的呈现到标识的中英文文字的斟酌，为我们带来了前瞻性的视野和积极的建议、方案。

静悄悄地变革，离不开背后深层次的理念转变，离不开个人的创造和群体的彼此影响、相互促进、共进共赢。让每一位教师成为学校变革的关键力量，是我们在这场变革中始终追求的一个目标。感谢三小每一位充满教育情怀、拥有教育信念的老师，正是你们的倾情奉献，改变着学校，让我们感受到创造的无限可能。

当我们再次坚定我们的教育梦想时，应当为每一位教育追梦者鼓掌、喝彩，是你们以不懈的努力共同诠释着教育的美好、价值与力量。

本书记录了我们的实践和思考，镌刻着每个人的贡献。在梳理本书的过程中，我们得以再次回望走过的路，再次认识学校教育变革面向未来的意义和价值，积蓄再次出发的力量。鲜活丰富的案例让我们看到了“大家三小”“真实的学习”等理念不再是空洞的口号和枯燥的理论，而正在变成一个个实实在在的行动。这些案例虽然都是“形而下”的，但却是追求学校综合变革最为稀缺的支撑性资源，是培育“大家三小”发展愿景最不可或缺的土壤。

还要感谢为本书的出版付出辛苦劳动的老师们。前言和第一章由刘可钦执笔；第二章由宋立亭执笔；第三章和第十章由郭学锐执笔，由王丹、李京华、吕京荣、杨丽君等提供案例支持；第四章和第五章由陈俊荣和马金鑫执笔；第六章和第九章由池昌斌执笔，并得到了万霞、郭莹、李露珠的大力支持；第七章由耿春龙执笔；第八章由张文峰执笔；最后由刘可钦和郭学锐统稿。感谢李斌、李茂以及源创图书的吴法源和郭晓娜，他们多次参与我们的研讨，对书稿的撰写和修改提出了中肯的建议，让我们有机会从另一个角度审视我们的实践历程。

谨以本书献给每一位支持三小变革的市、区领导，专家和学者们，献给参与学校变革的所有老师和家长，是你们的关怀和鼓励、努力和陪伴，让我们的教育梦想前所未有地清晰起来——未来，不是我们要去的地方，而是现在就要由我们来创造的地方。

图书在版编目（CIP）数据

大家三小：一所学校的变革与超越 / 刘可钦等著. —
北京：中国人民大学出版社，2018.4
ISBN 978－7－300－25675－7

Ⅰ.①大… Ⅱ.①刘… Ⅲ.①小学教育—教育研究
Ⅳ.①G622.0

中国版本图书馆CIP数据核字（2018）第062841号

大家三小：一所学校的变革与超越
刘可钦 等　著
Dajia Sanxiao: Yi Suo Xuexiao de Biange yu Chaoyue

出版发行	中国人民大学出版社		
社　　址	北京中关村大街31号	邮政编码	100080
电　　话	010－62511242（总编室）		010－62511770（质管部）
	010－82501766（邮购部）		010－62514148（门市部）
	010－62515195（发行公司）		010－62515275（盗版举报）
网　　址	http://www.crup.com.cn		
经　　销	新华书店		
印　　刷	北京东君印刷有限公司		
开　　本	168 mm × 239 mm　16开本	版　　次	2018年4月第1版
印　　张	16.5　插页1	印　　次	2019年9月第3次印刷
字　　数	220 000	定　　价	68.00元